챗GP · 시대

**'AI 코워킹'을 넘어 'AI 코리빙'의 시대로,
개인과 기업의 생존을 위한
인공지능, 머신러닝, LLM 특강**

살아남기

GOLDEN RABBIT

우리가 정말 경계해야 할 것은
챗GPT의 환각현상이 아니다.
챗GPT를 바라보는 우리의 환각현상이다.

문서 프로그램을 열고 '새 문서'를 클릭하고 나면 흰 종이 위에 커서가 천천히 깜빡입니다. 태어나서 글을 단 한 번도 써보지 않은 사람이 아니라면 이 막막한 순간을 분명 이해할 것입니다. 최소 15년 이상 기자라는 타이틀을 이름 뒤에 걸고 글을 써온 저도 마찬가지입니다. 여러분이 읽고 계시는 이 추천사를 쓰려 문서 창을 열고 난 뒤에도 한참을 깜빡이는 커서와 눈맞춤을 했습니다.

그런데 최근에 이 막막한 순간을 함께할 동료가 생겼습니다. 챗GPT로 대변되는 생성형 AI 친구들입니다. 그들의 대답이 만족스럽든 때로는 황당하든 일단은 한 번쯤 묻게 됩니다. 머릿속 혼란스러운 정보를 정리할 때 유용하고, 모르는 정보를 찾을 때 첫 단추를 끼우는 데 탁월합니다. 저자의 말처럼 100km 갈 길을 200km까지 갈 수 있게 도와줍니다. 저뿐만 아니라 챗GPT를 자주 사용해본 분들은 챗GPT가 없던 시절로 돌아갈 수 없다고 말합니다. 생성형 AI의 비가역성은 다뤄본 사람들만 압니다.

이 책에서 가져갈 단 한 문장을 꼽으라면 단연 "챗GPT 시대에는 상상력만이 우리의 한계다"입니다. 챗GPT의 장점은 빠르게 늘어나고, 단점은 더욱 빠른 속도로 보완되고 있습니다. 자체 모델도 발전하거니와 우리가 이미 갖고 있던 기술과 결합되면서 상승효과를 가져오고 있습니다. 사용자들의 경험이 쌓이는 것도 한몫하고 있습니다.

환각현상(할루시네이션)은 재앙이 아니라 축복이라는 시각도 생겼습니다. 생각지 못했던 새로운 아이디어를 발견할 수 있기 때문입니다. 환각현상이 여전히 챗GPT의 신뢰도를 현저히 떨어트리는 아킬레스건이라면 물론 이런 이야기를 하지 못할 겁니다. 검색과의 결합, 업그레이드된 모델 성능으로 환각현상을 꽤 줄일 수 있고, 환각이 나타나는 패턴을 인간이 어느 정도는 알아차릴 수 있게 되었기에 할 수 있는 이야기입니다. 사람과 대화하다 보면 '이건 좀 과장된 것 같다'라든가 '이건 거짓말인데?' 하면서 한 번 더 찾아보게 되는 것처럼 말이죠. 우리가 정말 경계해야 할 것은 챗GPT의 환각현상이 아닙니다. 챗GPT를 바라보는 우리의 환각현상을 주의해야 합니다.

기술을 정확히 알아야 제대로 상상할 수 있습니다. 제대로 상상해야 올바른 미래를 예측할 수 있습니다. 챗GPT가 나오자마자 10년 뒤 없어질 우리의 직업을 걱정했습니다. 그런데 지금은 AI 버블을 이야기합니다. 대규모 언어 모델을 맛본 지 채 1년도 되지 않아 딥페이크가 큰 사회 문제로 떠올랐습니다. 제대로 상상했으면 예방할 수 있었겠죠.

이 책이 말하는 것처럼 AI는 우리가 사는 방식과 일하는 방식을 송두리째 바꿀지 모릅니다. AI에 의한 디스토피아가 아닌 AI와 함께하는 유토피아를 건설하려면 제대로 상상해야 하고 그러려면 정확히 알아야 합니다. 그런 면에서 30년 이상의 개발, 기획, 리더십 경험을 갖추고 있는 박종천 저자의 이 책은 챗GPT를 바라보는 종합적인 시각을 기를 수 있는 올바른 정보를 제공해 지금 시대를 살아가는 모든 이에게 필독서입니다.

첫째로 AI와 관련된 다수의 프로젝트를 통해 익힌 현장 경험이 녹아 있습니다. 또, 티타임즈TV 유튜브 채널의 〈30년 개발자의 기업 분석 - 시즌 3 AI〉 시리즈를 준비하면서 리서치한 AI 업계 전문가들의 이야기와 기업 분석이 담겨 있습니다. 과거의 영광에 갇히지 않고 끊임없이 질문하고 공부하고 부딪혀본 저자의 노력이 한 권의 책으로 완성됐습니다.

무엇을 얼마나 얻어갈 것이냐는 이제 읽는 이의 몫입니다. 홍수처럼 쏟아지고 있는 챗GPT 책들 가운데서 올바른 방향을 제시하는 영양가 있는 책으로 빛나길 기원합니다.

홍재의 티타임즈 기자

챗GPT 시대에 들어선 지금, 기업과 개인 모두가 이 기술을 깊이 이해하고 효과적으로 활용해야 합니다. 이 책에는 챗GPT가 단순한 도구를 넘어, 미래의 업무 방식과 경쟁력을 결정짓는 중요한 요소로 어떻게 자리 잡게 되는지에 관한 비즈니스와 기술 이야기가 가득 차 있습니다. 모든 직장인이 반드시 읽어야 할 필독서로 강력 추천합니다.

임정욱 중소벤처기업부 창업벤처혁신 실장

이 책을 읽고 나니 제 AI 지능이 20 정도 상승한 느낌입니다. 그동안 AI에 대해 막연하게 품었던 기대와 불안을 명쾌하게 정리해주네요. 특히 'AI를 업무와 일상에서 지속적으로 활용하고, 더 나은 아이디어를 AI로 구현하는 습관'이야말로 우리가 'AI의 노예'가 되지 않도록 하는 핵심이라는 제언이 인상 깊습니다. '애플의 시대'가 다시 올 것이라는 예측과 그 이유도 흥미로웠고, MS의 코파일럿이 우리 일터에 어떤 변화를 가져올지에 대한 설명도 인상적입니다. 또한 당근과 다른 국내 기업 사례도 매우 흥미롭게 다가왔습니다. 저자의 조언은 그야말로 '스트롱 사이다'입니다. "데이터 과학자로 전향하고 싶다면 이미 늦었다" 단언하다니! 실용서가 이렇게 재미있을 수 있다는 사실을 새삼 깨달았습니다!

이기대 스타트업얼라이언스 센터장

오랜 기간 SW 개발과 AI 분야 경력을 쌓은 저자가 다양한 산업에서의 LLM 적용 사례와 미래 대응 전략을 제시합니다. 이 책은 'AI 코워킹'과 'AI 코리빙' 시대가 올 것이며, 이 두 능력이 개인뿐 아니라 기업 비즈니스의 핵심 역량임을 강조합니다. 경쟁력을 강화하고 성장하고자 하는 개인 또는 기업에 추천합니다.

신수정 KT 전략신사업 부문장, 《커넥팅》 저자

AI와 대규모 언어 모델(LLM)이 급격하게 발전하는 시대를 헤쳐나가는 현재, 박종천 작가의 《챗GPT 시대 살아남기》는 새로운 업무 방식에 적응하려는 기업의 리더와 구성원들이 꼭 읽어야 할 책입니다. 저자는 다양한 업종에서, 글로벌 및 국내 기업에서 개발자/관리자로 성장하면서 지난 30년간 기술의 발전이 세상에 미치는 영향을 누구보다도 현장에서 가깝게 목격했습니다. 이런 소중한 경험 덕분에 현재의 변화를 앞으로 다가올 기술, 기업, 사회의 미래에 투영할 수 있었습니다. 이 책은 다양한 산업 및 업무 영역에서 AI 기술을 활용하는 방법을 여러 사례를 들어 소개하고 있어서 실무적으로도 도움이 됩니다. 동시에 저자가 이야기하고자 하는 다가 올 세상의 모습과 새롭게 일하는 방식을 통해 우리 기업들이 생존을 넘어 한 단계 더 도약하는 데 큰 도움이 될 것으로 확신합니다.

황성현 가천대 코코네스쿨 교수 (전 구글 글로벌 HR 임원)

이 책은 LLM을 활용한 기업 혁신의 새로운 패러다임을 제시합니다. LLM을 단순한 도구로 보는 것을 넘어, 기업이 과거와 다른 차원의 폭과 속도로 업무를 자동화하고, 효율성을 극대화하며, 나아가 비즈니스 전반의 의사결정 과정을 혁신할 방법을 깊이 있게 탐구합니다. 저자의 풍부한 경험과 통찰력을 바탕으로 LLM 도입을 고려하는 기업에 실질적인 지침을 제공합니다. 또한 기술의 복잡성을 명확하고 실용적으로 해석해줍니다. 인공지능 시대에서 기업 경쟁력을 유지하고자 하는 모든 리더에게 이 책은 필수 지침서가 될 것입니다.

우정훈 LG전자 가전사업본부 데이터플랫폼Task 상무

박종천 저자는 업계 0순위 초청 연사이며 리더이자 인플루언서입니다. 오랜 경험에서 우러난 인사이트를 토대로 챗GPT와 인공지능 관련 지식을 이 책에 담았습니다. 챗GPT가 최근 기술 시장에서 갖는 깊은 함의와 더불어 기업들이 어떻게 활용하여 경쟁력을 높일 수 있을지 방향을 안내해줍니다. 저자의 깊은 인사이트가 담긴 이야기 덕분에 시야가 넓어지는 기회를 얻게 될 것입니다.

김휘강 고려대학교 정보보호대학원 교수, AI Spera 공동창업자

인공지능 시대에 발맞추어 가고자 하는 독자들에게 어디로 가야 할지 방향을 제시하는 나침반과 같은 책. 빠르게 변화하는 기술 환경 속에서 개인과 기업이 어떻게 인공지능을 활용해 경쟁력을 갖출 수 있을지에 대한 구체적인 방법을 제시해줍니다. 인공지능을 처음 접하는 사람부터 이 분야에 익숙한 전문가까지 모두에게 유익한 정보가 담겨 있습니다. 30년 경력의 개발자인 저자의 깊이 있는 지혜와 통찰력이 담긴 이 책은 새로운 기술 트렌드에 대한 이해를 높이고, 변화에 능동적으로 대응할 방법을 제시하는 소중한 길잡이가 될 것입니다.

윤종영 국민대학교 소프트웨어융합대학 교수 (전 AI양재허브 센터장)

'AI를 더 이상 안 배우면 안 됩니다'라고 말해도 이상하지 않을 요즘입니다. 이 책은 AI 시대를 대비하는 필수 지침서입니다. 챗GPT를 중심으로 한 생성형 AI 기술의 기본 개념부터 실질적인 응용 사례, 미래에 대한 전망까지 빼곡히 담겨 있습니다. 시중의 많은 책이 개념을 설명하고 있습니다. 이 책은 개념을 바탕으로 행동을 촉발하는 문장을 담고 있습니다. AI 시대를 맞이한 모든 이에게 이 책을 추천합니다.

강수진 The Prompt Company CEO & Prompt Engineer

'AI 코워킹'과 'AI 코리빙' 시대에도
살아남는 기업이, 사람이 됩시다.

2023년부터 전 세계에 강력한 챗GPT 태풍이 불었습니다. 그 후 지금까지 우리는 기술 혁신이 우리의 삶과 일하는 방식을 어떻게 변화시키고 있는지 직접 경험했습니다. 급격한 AI(인공지능)의 발전은 상상할 수 없던 새로운 가능성의 문을 열어주어, 비즈니스 환경을 재편하고 있습니다. 이런 급변하는 환경 속에서 여러분이 미래에 대비하고 성공적으로 적응할 수 있도록 돕고자 이 책을 집필하게 되었습니다.

저의 전작 《개발자로 살아남기》에서는 개발자로서 개발과 경력과 생존 전략을 다루었습니다. 소프트웨어 개발자의 역할이 어떻게 변화하고 있으며, 그 변화 속에서 어떻게 자신을 발전시킬 수 있는지에 중점을 두었죠. 이번 책에서는 그 범위를 넓혀 AI가 주도하는 미래의 비즈니스 환경에서 모든 직업군과 산업에 걸쳐 일어날 변화와 대응 방법을 논의합니다.

저는 한글과컴퓨터, 블리자드, 넥슨, 삼성전자, 몰로코 그리고 뤼이드에서 일하며 개발자와 관리자로서 워드프로세서, 게임, 플랫폼, 광고, AI 경력을 쌓았습니다. 약 30여 년 동안 급변하는 비즈니스 환경에서 기술 혁신이 어떤 영향을 미치는지, 기업과 개인이 어떻게 성공적으로 적응하고 성장하는지를 두 눈으로 지켜볼 수 있었죠.

AI 기술은 이미 여러 산업에서 혁신을 일으키고 있습니다. 제조업에서 자동화, 의료에서 진단 및 치료 보조, 금융에서 위험 관리와 투자 전략 수립 등 AI는 기존 업무 방식을 근본적으로 바꾸고 있습니다. 특히, 업무 환경이 AI와의 코워킹으로 전환되고 있는 현상은 주목할 만합니다. 'AI 코워킹co-working'은 인간과 인공지능이 협업하는 환경을 말합니다. 개개인에게 중요한 역량이 되었으며, 이는 비즈니스의 속도를 더욱 빠르게 만들고 있습니다. 기업에 있어서는 핵심 경쟁력입니다.

이 책에서는 AI 기술의 기본 개념과 현재의 응용 사례를 살펴보고, 다가올 미래에 대한 전망을 제시합니다. 또한 AI 시대에 살아남기 위해 필요한 역량과 전략을 구체적으로 제안합니다. 다음과 같은 의식의 흐름을 따라 이 책을 구성했습니다.

1 챗GPT를 왜 써야 하나요?

2 챗GPT가 뭔가요?

3 챗GPT를 어떻게 써야 하나요?

4 다른 회사, 다른 사람은 챗GPT를 가지고 무엇을 하나요?

5 미래는 어떻게 바뀔까요?

6 변화에 어떻게 대응해야 할까요?

이 책에서 사용하는 챗GPT는 단순히 개발사 오픈AI의 AI 제품을 의미하는 것은 아닙니다. 생성형 AI의 대표주자로서, 기술적으로는 LLM을 사용하는 대명사로서 사용했습니다. 독자의 기술 이해도를 고려해 가급적 난이도를 낮추고자 책 초반에는 어려운 기술 용어 대신 챗GPT라는 대명사를 의도적으로 사용합니다. 후반부로 갈수록 더 적합한 기술 용어를 사용합니다. 또한 본문에서 깊게 다루지 못한 기술적 내용을 부록으로 첨부해두었습니다. 이 책의 부록은 크게 다음과 같이 세 가지입니다. 궁금한 사항이 있을 때 찾아보거나, 더 깊은 내용을 이해하고 싶을 때 읽어보기 바랍니다.

- **부록 Ⅰ** 공부하는 어른을 위한 AI 기술 노트
- **부록 Ⅱ** 챗GPT와 대화하는 6가지 프롬프트 기법
- **부록 Ⅲ** 서바이벌 AI 미니 사전

아직 챗GPT를 사용하지 않는다면 적극 사용해야 합니다. 그리고 챗GPT가 바꿀 세상을 상상하고 대응 방향과 방법을 찾아야 합니다. 1885년 최초의 휘발유 자동차 모토바겐이 개발되었습니다. 당시에는 말을 타고 다니던 사람들이 자동차의 가능성을 무시했습니다. 채 100년이 지나지 않아 도로는 자동차로 가득 찼습니다. 말보다 더 편한 교통수단임을 누구도 부정할 수 없게 되었습니다.

2022년 11월 챗GPT 서비스가 대중에게 제공되었습니다. 현재 약 80% 이상의 포춘 500대 기업들이 챗GPT를 고객 지원, 코드 작성, 데이터 분석, 마케팅 콘텐츠 생성 등에 널리 사용합니다*. 아직까지 사용하지 않는다면, 아직까지 말을 타고 출퇴근하는 것과 같습니다.

웹페이지에서 챗GPT를 이용을 할 수도 있습니다. 또한 iOS와 안드로이드용 모바일 앱과, 맥OS용 앱도 제공합니다. 가능하다면 사용하는 모든 기기에 챗GPT 앱을 설치해 언제 어디서든 사용하기 바랍니다. 지금 당장 시킬 일이 없다면 '특별히 지금 시킬 일이 없는데, 어떤 일을 할 수 있니?'라고 물어보는 것도 가능합니다. '매일매일을 챗GPT와 함께!' 챗GPT 시대의 핵심 습관이 되어야 합니다.

챗GPT 홈페이지**에 가입을 하지 않아도 사용할 수 있습니다. 그렇지

---

*   https://openai.com/index/introducing-chatgpt-enterprise/

**   http://www.chatgpt.com

만 가입은 무료이므로 꼭 가입을 하시길 권장합니다. 가입하면 세션 관리 기능을 사용할 수 있습니다. 세션은 대화창 단위를 일컫는 말입니다. 세션 단위로 프롬프트를 설정해 결과물을 연이어 만들면 무척 편리합니다. 예를 들면 '우리나라 국화가 뭐야?'하고 물어본 후 '그 내용을 영어로 작성해줘'라고 이어서 작업을 할 수 있습니다. 또한 가입을 해야만 인터넷을 검색하여 실시간 정보를 얻을 수 있습니다. 예를 들어 "빙으로 검색해서 지금 서울 기온을 알려줘"처럼 말이죠.

무료 회원은 모든 기능을 이용하지 못합니다. 본격적으로 더 강력한 작업을 하려면 유료회원*으로 가입해야 합니다. 그러면 인터넷 정보를 검색하거나, 첨부 파일을 올리거나, 이미지를 분석하게 만드는 등 훨씬 강력하고 편리한 기능을 이용할 수 있습니다. 한 달에 20달러로 강력한 개인비서/업무비서가 생기는 셈이니 충분한 가치가 있지 않을까요?

이 책은 다가올 AI 시대에 대한 명확한 이해를 제공하고, 성공적으로 적응하는 데 필요한 실질적인 도구와 전략을 제공합니다. 개인의 생존뿐 아니라 또한 기업이 미래의 비즈니스 환경에서 경쟁력을 갖추고, 지속 가능한 성장을 이루는 데 도움이 되기를 희망합니다.

---

*　　챗GPT Plus

마지막으로 집필 과정에서 도움을 주신 동료들과 가족, 그리고 출판사 여러분께 깊은 감사를 드립니다. 여러분의 지원이 없었다면 이 책은 완성될 수 없었을 겁니다.

독자 여러분의 피드백을 항상 환영합니다. 여러분의 의견은 제가 더 나은 책을 쓰는 데 큰 도움이 됩니다. 함께 미래를 준비하며, 'AI 코워킹'과 'AI 코리빙' 시대에도 살아남는 기업이, 사람이 되기를 기대합니다.

2024년 초가을 박종천

PART 1   챗GPT, 정말 궁금합니다 ... 19

    01 챗GPT가 뭐길래, 꼭 알아야 할까? ... 20

    02 챗GPT의 결과를 신뢰해도 될까? ... 24

    03 챗GPT 시대, 아직도 파이썬을 배워야 할까? ... 28

    04 챗GPT는 어느 날 땅에서 솟아난 기술인가? ... 32

    05 챗GPT는 어떻게 글을 이해하고 쓰나? ... 38

    06 챗GPT는 검색엔진과 어떻게 다른가? ... 43

    07 프롬프트 엔지니어링이 그다지도 중요한가? ... 47

    08 더 읽기 전에 기초 용어 리마인드 ... 52

PART 2   AI 코워킹과 AI 코리빙으로의 초대 ... 55

    01 AI 코워킹, AI 코리빙 시대가 온다 ... 59

    02 AI가 촉발한 비즈니스 기회의 땅 ... 65

    03 AI는 양질의 데이터를 먹고 산다 ... 69

    04 데이터 프라이버시를 지키자 ... 72

PART 3   머신러닝을 성공적으로 도입한 리더들 ... 75

    01 'S&P 7'은 이렇게 활용한다 ... 78

    02 테슬라의 자율주행은 왜 차원이 다를까? ... 82

    03 AI, 게임에서 게임체인저가 된다 ... 86

    04 당근, 몇백 명으로 몇만 명을 대적하다 ... 90

PART 4 AI 시대의 챗GPT 출정식 ... 95

01 GPT, 광속 발전 시동을 걸다 ... 97

02 챗GPT & GPT API 알아보기 ... 100

03 LLM을 더 똑똑하게 만드는 파인튜닝 ... 104

04 챗GPT 코워킹 시도하기 ... 107

05 환각현상 제어하기 ... 111

06 향후 5년 내에 AI 코워킹 시대가 온다 ... 114

PART 5 챗GPT가 몰고온 비즈니스 변화 ... 117

01 엔비디아가 지고 애플 시대가 다시 온다 ... 121

02 MS가 코파일럿으로 AI 코워킹 시대를 선도한다 ... 127

03 앱 코파일럿이 20명 일을 순식간에 끝낸다 ... 132

04 LLM 네이티브한 조직과 반려 AI로써 진화 ... 137

05 LLM을 놀랍게 활용하는 회사들 ... 140

06 회사에 LLM 도입하는 제일 확실한 방법, AI 해커톤 ... 145

PART 6 챗GPT를 믿어도 되는 걸까? ... 149

01 우리만의 사내용 LLM이 필요할까? ... 152

02 LLM, 삐뚤어지지 않게 활용하기 ... 156

03 AI를 이용한 창작물의 저작권은 누구에게 있을까? ... 160

PART 7 챗GPT 시대의 미래에 살아남기 ... 163

    01 AI가 내 직업을 뺏을 것인가? ... 166

    02 AI가 인간을 지배할 것인가? ... 170

    03 우리는 밑바닥부터 AI를 개발해야 할까? ... 173

    04 작은 테크 기업은 어떻게 해야 하나? ... 177

    05 AI · 로봇 시대, 인류는 어떤 미래를 맞이하나? ... 182

APPENDIX I 공부하는 어른을 위한 AI 기술 노트 ... 185

    01 데이터, 알고리즘, 컴퓨팅 파워를 알아보자 ... 188

    02 AI에도 전공 분야가 있다 ... 193

    03 AI는 어떻게 스스로의 규칙을 찾을까? ... 199

    04 머신러닝과 LLM은 기술적으로 어떻게 다른가? ... 204

    05 파라미터가 AI 성능에 미치는 영향 ... 206

    06 LLM의 근원, 맥락을 찾아내는 트랜스포머 ... 211

APPENDIX II 챗GPT와 대화하는 6가지 프롬프트 기법 ... 215

APPENDIX III 서바이벌 AI 미니 사전 ... 219

챗GPT,
정말 궁금합니다

챗GPT가 뭐길래,
꼭 알아야 할까?

인터넷 시대에는 구글이 검색엔진이라는 마르지 않는 꿀단지로 광고 수익을 독점했습니다. 모바일 시대가 열리면서 애플은 디바이스와 앱스토어라는 가두리 양식장을 성공적으로 론칭해 더욱 크게 성장했습니다. 웹이 인터넷 시대를 열었고, 아이폰이 모바일 시대를 열었습니다. 일상을 바꾸는 기술이 출현할 때마다 새로운 시대가 열리고 기존 질서는 옛것이 됩니다. 예를 들어 모바일 시대가 되자 PC 기반 채팅 프로그램 네이트온은 채팅 프로그램 왕좌에서 물러나야 했습니다. 그 자리에는 모바일 기반 채팅 프로그램 카카오톡이 앉았죠.

2016년 알파고와 이창호 9단의 바둑 대국 이후 AI 시대가 곧 올거라는 두려움이 팽배했습니다. 전자 상거래 서비스들이 앞다투어 AI를 도입해 매출을 견인했지만, IT 개발자가 아니라면 AI를 직접 사용한다거나 체감

하기는 쉽지 않았습니다. 그러던 중 2022년 말에 챗GPT가 출시되면서 모두가 AI를 사용하는 AI 시대가 열렸습니다. 이제 IT 개발자뿐 아니라, 비개발자도, 심지어 경영자도 AI를 사용합니다. 업무와 생활에서 챗GPT를 배워야 시대를 살아갈 수 있습니다. 특히 기업이라면 이미 도입해 활용하고 있어야 합니다. 도입했다면 더 적극적으로 사용하고 활용해야 합니다. 그렇게 하도록 노력해야 합니다.

챗GPT는 사람과 대화하듯 질문에 답하고, 정보를 제공하며, 창의적인 아이디어를 제시하는 AI 자연어 처리 서비스입니다. 기존의 AI와는 많이 다릅니다. 적어도 사용성 측면에서는 말이죠. 채팅앱에서 채팅하듯 사용하면 그만입니다.

과거에는 책과 강의 영상으로 공부했습니다. 이제는 질문에 24시간 응답하는 챗GPT를 이용해 영어를 배우고, 리포트를 작성합니다. 이미 서점에는 챗GPT를 이용한 책쓰기, 글쓰기 책이 즐비합니다. 그뿐만 아닙니다. 프로그래머도 유사한 서비스인 깃허브 코파일럿*을 사용합니다. 코파일럿은 비행기 부조종사라는 뜻인데, 작업자를 도와서 옆에서 보조한다는 의미입니다. 프로그래머는 더 이상 개발자 커뮤니티에 질문을 하고, 누군가 답변을 달아주는 전통적인 방식으로 개발하지 않습니다.

기업에서는 고객 상담, 데이터 분석, 마케팅 콘텐츠 제작 등 다양한 업무에 챗GPT나 관련 기술을 도입해 업무 효율성을 높이고 있죠. 연구자들

---

*   Github Copilot

은 챗GPT나 관련 기술들을 활용해 아이디어를 발전시키고, 문헌 조사를 수행하며, 논문을 쓰고, 연구 가설을 검증합니다. 이메일, 채팅 등 업무용 솔루션에 챗GPT 기능을 심어 이메일 내용을 요약하고, 답장을 작성하고, 중요한 업무들을 놓치지 않도록 챙겨주는 기술도 등장했습니다.

챗GPT가 중요한 이유는 단순히 편의성 때문만은 아닙니다. 지식과 정보의 민주화를 촉진하고, 인간의 창의성과 생산성을 증대시키는 잠재력을 가지고 있기 때문입니다. 누구나 전문적인 지식과 통찰력을 얻을 수 있게 되었고, 나아가 개인과 사회의 발전에 기여할 수 있는 시대가 열린 겁니다. 또한 인간과 자연어로 협업할 수 있는 최초의 도구로써 미래 기술 발전의 방향성을 제시하고 있습니다.

챗GPT는 AI 시대를 대표하는 첫 번째 상품일 뿐입니다. 클로드, 제미나이 같은 대체 서비스가 등장하고 있습니다. DALL-E*, 미드저니**, 스테이블 디퓨전*** 같은 이미지 생성형 AI****도 춘추전국시대를 방불케 할 정도 속속 등장하고 있습니다. 예술 분야도 AI 변화를 피할 수 없습니다. AI가 만든 음악이 공모전에서 1등을 차지하고 AI가 생성한 그림이 1억이 넘는 금액으로 팔립니다.

사회 전 분야에서 생성형 AI를 비롯한 다양한 AI가 더욱 더 활약하게 될 겁니다. 그러므로 우리는 챗GPT로 대변되는 대화형 인공지능 서비스를

---

*	'달리'라고 읽는다.
**	Midjourney
***	Stable Diffusion
****	Generative AI

꼭 활용해야 합니다. 아직 경험해보지 않았다면, 지금이 바로 시작하세요. 챗GPT가, AI가 우리 일상과 비즈니스를 바꾸고 있습니다.

(리마인드 노트

1 인터넷 시대 : 웹 기술의 발전으로 시작된 정보 접근성의 혁명이 구글과 같은 IT 기업들의 성장을 이끌었습니다.

2 모바일 시대 : 아이폰의 등장은 애플을 중심으로 한 모바일 기술 환경을 새롭게 열었고, 관련 서비스들의 발전을 촉진했습니다.

3 AI 시대 : 알파고와 챗GPT의 출현으로 인공지능 기술이 대중화되어 비개발자들도 쉽게 AI를 활용할 수 있는 시대가 되었습니다.

4 챗GPT : 자연어 처리 기반의 AI 서비스로서 자연어 질문에 응답하고 정보를 제공합니다.

5 생성형 AI(Generative AI) : 텍스트, 이미지, 음악 등의 새로운 콘텐츠를 생성할 수 있는 인공지능 기술입니다. 주어진 입력에 따라 창의적으로 결과물을 만들어냅니다. GPT나 DALL-E 같은 모델이 이에 해당합니다.

02

챗GPT의 결과를
신뢰해도 될까?

챗GPT는 LLM이라는 기술을 사용합니다. LLM은 Large Language Model의 약자로 우리말로 '대규모 언어 모델'이라고 합니다. 방대한 양의 텍스트 데이터를 학습함으로써 마치 인간과 대화하는 것처럼 자연스러운 문장을 생성하는 기술입니다. 엄밀히 말해 대화라기보다는 입력된 문장에 대한 확률적 추론을 결과로 제공합니다. LLM이라니? 벌써 머리가 아파올지도 모르겠네요. 실제로 상당히 전문적인 단어이므로 독자층을 고려해서 초반에는 (반드시 구분해야 하는 상황이 아니라면) 대표격 LLM 서비스인 '챗GPT'로 바꿔부르겠습니다.

챗GPT는 입력된 문장을 토대로 뒤에 올 단어나 문장을 예측합니다. 예를 들어 "저기 편안한 소파가 있는데 내가 졸립다. 나는 어디로 가야 돼?"라는 문장을 입력하면 학습한 데이터를 바탕으로 "소파에 가서 자야 됩니다."와 같은 문장을 생성합니다. 이는 쇼핑몰에서 고객 구매 이력을 분석해 다음에 구매할 만한 상품을 추천하는 원리와 유사하다 볼 수 있습니다.

이미지넷*은 1,000개 이상의 객체 카테고리를 포함한 수백만 개의 이미지로 구성된 대규모 데이터셋입니다. 컴퓨터 비전 연구에서 이미지 인식 모델의 학습과 평가에 널리 사용됩니다. 이미 이미지넷 데이터셋으로 학습한 AI**가 인간보다 더 높은 정확도로 이미지를 분류한다고 합니다.*** 사실은 고양이와 개가 어떤 동물인지를 아는 것이 아니라, 둘의 특징들을 바탕으로 구분만 하는 겁니다.

챗GPT도 마찬가지입니다. 생성한 문장이 마치 인간과 나누는 대화처럼 자연스럽다 보니, 많은 사람이 실제로 질문의 '의도'를 이해하고 그에 '적절한 답변'을 하는 것으로 오해합니다. 하지만 단어와 문장의 연결 관계를 통계적으로 분석해 가장 그럴 듯한 답변을 추론할 뿐, 챗GPT가 아무리 그럴듯한 문장을 만들어낸다 해도, 그것이 무엇인지 '이해'하지 못합니다. '마음, 뇌 그리고 프로그램. 행동 및 뇌 과학'에 대한 논문****에 따르면 통계에 기반해 적절한 출력을 내는 것이 곧 진정한 이해나 사고를 의미하는 것은 아니기 때문입니다. 이 실험은 다음과 같이 두 명제를

---

*   ImageNet
**   CNN 모델
***   Krizhevsky et al. (2012). 〈ImageNet classification with deep convolutional neural networks〉
****   Searle, J. R.(1980). 〈Minds, brains, and programs. Behavioral and brain sciences〉

기반으로 합니다.

- **첫째,** 인간의 의도는 뇌 때문에 생겨난다. 뇌에서 일어나는 특별한 과정들이 우리가 무언가를 생각하고 의도하게 만든다.
- **둘째,** 컴퓨터 프로그램을 실행하는 것만으로는 인간처럼 생각하고 의도를 가질 수 없다. 아무리 훌륭한 프로그램이라도 인간의 뇌처럼 작동할 순 없다.

이 두 가지 주장을 합치면, 결국 인간처럼 생각하고 의도를 가지려면 인간의 뇌와 똑같이 작동하는 기계를 만들어야 한다는 결론이 나옵니다. 단순히 프로그램을 잘 짜는 것만으로는 부족하고, 뇌의 신비한 능력을 그대로 흉내 내야 합니다.

게다가 챗GPT는 학습 데이터에 내재된 편향성을 그대로 반영하기 쉽습니다. 만약 학습 데이터에 특정 계층이나 집단에 대한 차별적 표현이 다수 포함되어 있다면, 그러한 편견을 내재화할 가능성이 높습니다. 실제로 과거 버전에서 성차별적, 인종차별적 표현들이 확인된 바 있습니다. 공정성, 윤리성 등의 가치를 내재화하는 것은 결코 쉽지 않은 과제입니다.

마지막으로 어디까지나 확률 기반의 모델이기에 때로는 사실과 다른 말을 생성하기도 합니다. 일명 환각현상*이라고 불리는 이 현상은 허구의

---

*　　Hallucination

정보를 진실인 양 말하는 것을 의미합니다. 아직 사실성과 정확성을 완벽히 담보하기는 어려운 것이 사실입니다.

앞에서 언급한 이해, 의도, 편향성, 확각 등의 한계에도 불구하고 챗GPT는 새로운 가능성을 열어습니다. 방대한 데이터와 거대한 모델을 통해 인간 수준을 뛰어넘는 자연어 생성이 가능해진 것은 엄청난 기술적 진보이자, 지능의 본질에 대해 다시금 생각해보게 하는 계기가 되었습니다. 앞으로 어떻게 발전해나갈지, 그리고 우리 삶에 어떤 영향을 미칠지 지켜보는 것도 흥미로울 것 같습니다.

📎 리마인드 노트

1 **LLM(Large Language Model)** : 방대한 양의 텍스트 데이터를 학습하여 자연스러운 문장을 생성하는 AI 기술로, 챗GPT도 이 기술을 기반으로 작동합니다.

2 **확률적 추론** : 챗GPT가 입력된 문장에 대해 가장 그럴듯한 답변을 추론하는 방식으로, 실제로 질문의 의미를 이해하는 것은 아닙니다.

3 **이미지넷(ImageNet)** : 대규모 이미지 데이터셋으로, AI가 이미지 분류 작업을 학습하는 데 사용되었습니다.

4 **환각현상(Hallucination)** : 챗GPT가 사실이 아닌 정보를 진실처럼 생성하는 현상으로, 확률 기반 모델의 한계 중 하나입니다.

5 **편향성** : 챗GPT는 학습 데이터에 내재된 편견을 그대로 반영해 성차별적 또는 인종차별적 표현이 나타날 가능성이 있습니다.

챗GPT 시대,
아직도 파이썬을 배워야 할까?

"이 나라의 모든 사람이 컴퓨터 프로그래밍을 배워야 합니다. 왜냐하면 그것이 사고하는 법을 가르쳐주기 때문입니다."*

스티브 잡스가 1995년에 한 인터뷰에서 한 말입니다. 그후로 약 20년이 지나 전 세계에 코딩 열풍이 불었습니다. IT 비전공자도 파이썬 프로그래밍 언어 정도를 사용할 줄 알아야 하고, 능력자라면 간단한 자동화 프로그램은 짤 줄 알아야 한다는 풍조가 있었습니다. 챗GPT 등장 이후 웬만한 자동화를 IT 비전공자도 해결할 수 있게 되었습니다. 이런 상황에서 '프로그래머도 아닌 우리가 파이썬을 배워야 하는가?'라는 고민은 당연합니다. 과연 챗GPT 시대에 IT 비전공자에게 코딩 역량은 여전히 필요할까요? 코

---

* 〈Steve Jobs: The Lost Interview〉, "Everybody in this country should learn to program a computer, because it teaches you how to think."

딩을 아직도 배워야 할까요?

파이썬은 데이터 분석, 자동화 등 다양한 분야에서 활용되는 인기 프로그래밍 언어입니다. IT 비전공자들도 업무 효율성 향상을 목적으로 파이썬을 많이 학습했습니다. 그런데 챗GPT의 등장으로 자연어 처리 및 대화형 인터페이스가 크게 발전했고, 로우코드*/노코드** 플랫폼도 대중화되면서 IT 비전공자들이 굳이 파이썬을 배워야 할 필요성이 줄었습니다. 코딩을 배워 몇 날 며칠을 고심해 만들던 자동화 프로그램을 이젠 더 이상 직접 만들 필요가 없습니다. 게다가 챗GPT를 이용하면 기존보다 더 나은 자동화 프로그램을 몇 분만에 만들 수 있게 되었습니다. 심지어 문법을 몰라도 챗GPT와 대화하면서 코드 에러를 수정해 원하는 프로그램을 만드는 수준에 이르렀습니다.

오히려 IT 비전공자들은 파이썬 학습에 매몰되기보다는 문제 해결 역량, 커뮤니케이션 및 협업 역량, AI 및 챗GPT 활용 역량, 데이터 문해력 등 더 근본적인 역량을 갖추는 데 집중할 필요성이 대두되고 있습니다.

- **문제 해결 역량** : 비판적 사고력과 창의적 문제 해결 기술을 바탕으로 복잡한 문제에 접근하고 해법을 찾아내는 능력

---

* Low-code. 프로그래밍 지식 없이도 시각적인 도구와 간단한 스크립트를 사용해 소프트웨어 애플리케이션을 개발할 수 있는 방법

** No-code. 프로그래밍 지식 없이도 시각적인 인터페이스를 사용해 소프트웨어 애플리케이션을 개발할 수 있는 방법

- **커뮤니케이션 및 협업 역량** : 팀워크와 리더십을 발휘하며, 다양한 배경을 가진 사람들과 소통할 수 있는 능력
- **AI 및 챗GPT 활용 역량** : AI 기술에 대한 이해를 바탕으로 챗봇과 효과적으로 협업하는 능력
- **데이터 문해력** : 데이터를 이해하고 해석하는 능력

무엇보다 AI와 챗GPT를 제대로 이해하고 함께 협력하고, 발전 방향에 맞춰 비즈니스와 삶의 궤적을 구상하는 일이 중요합니다. 생존이 달린 문제이기 때문입니다(이유는 앞으로 차차 말씀드리겠습니다). 결론을 말씀드리자면 파이썬을 몰라도 IT 비전공자들도 지속적인 학습과 도전을 통해 AI 시대의 핵심 인재로 성장할 수 있는 시대가 되었습니다.

2024년, 젠슨 황은 두바이에서 열린 세계정부정상회의*에서 "더 이상 아이들에게 코딩을 가르칠 필요가 없다"고 말했습니다. 저는 여러분께 말합니다.

"직장인이 코딩을 배우면 더 강력한 도움이 됩니다. 하지만 AI를 배우지 않으면 더 이상 생존할 수 없습니다."

---

*   World Government Summit

리마인드 노트

1 파이썬 학습 필요성 : 챗GPT와 로우코드/노코드 플랫폼의 대중화로 IT 비전공자들이 파이썬을 배워야 할 필요성이 감소했습니다.

2 IT 비전공자에게 프로그램 능력 대신 필요한 4가지 역량 : 창의적 문제 해결 기술, 커뮤니케이션 및 협업 역량, AI 및 챗GPT 활용 역량, 데이터 문해력이 필요합니다.

3 데이터 문해력 : 데이터를 이해하고 해석하며 이를 기반으로 소통할 수 있는 능력입니다.

04

챗GPT는
어느 날 땅에서 솟아난 기술인가?

챗GPT의 출현으로 기대만 크고 별 쓸모 없어 보이던 우리 AI가 달라졌습니다. 챗GPT는 우리 사회 전반에, 개인의 삶에 빠르게 침투했습니다. 사실 챗GPT가 탄생하기까지 AI 역사는 생각보다 오래되었습니다. 무려 1950년대로 거슬러 올라가야 합니다. 10년 단위로 발생한 결정적인 순간들을 잠시 살펴보겠습니다.

1950년대에 영국의 천재 수학자 앨런 튜링은 '기계도 생각할 수 있을까?'라는 근본적인 질문을 던졌습니다. 그는 '튜링 테스트'라는 실험을 제안했는데, 이는 인간이 컴퓨터와 대화를 나누면서 상대방이 사람인지 기계인지 구별할 수 없다면 그 컴퓨터는 지능을 가졌다고 인정하자는 것이었죠. 이 획기적인 아이디어는 AI 발전의 출발점이 되었습니다.

1960~70년대에는 초기 AI 프로그램들이 개발되었습니다. 1959년, 아서 사무엘은 체커 게임을 하는 프로그램을 만들었는데, 이 프로그램은 스스로 체커를 학습해 인간 챔피언을 이길 정도로 실력이 향상되었습니다. 이는 머신러닝의 가능성을 보여준 중요한 사례였습니다. 또한 전문가 시스템도 등장했는데, 1972년 개발된 MYCIN은 감염병을 진단하고 처방하는 데 의사만큼의 정확도를 보여주었습니다. 하지만 1970년대 말, AI 연구는 '첫 번째 AI 겨울'을 맞이하게 됩니다. 과도한 기대와 투자에 비해 실질적인 성과가 부족했고, 기술적 한계에 부딪혔기 때문이죠.

1980년대에 들어서면서 신경망*이라는 개념이 주목받았습니다. 신경망은 사람의 뇌가 정보를 처리하는 방식에서 영감을 받아 만든 시스템입니다. 이 기술은 컴퓨터가 더 똑똑해지는 데 큰 역할을 했습니다. 1981년, 일본 컴퓨터 회사 후지쯔의 '링크 시스템'이 인간 전문가의 지식을 학습해 컴퓨터에 탑재한 최초의 상용 전문가 시스템으로 등장했죠. 이는 AI의 산업적 활용 가능성을 보여준 사례였습니다. 1986년, 제프리 힌튼** 등이 '역전파 알고리즘'을 발표하면서 신경망 기술에 새로운 돌파구를 마련했습니다. 이는 이후 딥러닝의 발전에 결정적인 역할을 하게 됩니다.

1990년대에는 머신러닝***이 큰 발전을 이뤘습니다. 머신러닝은 컴퓨터가 데이터를 이용해 스스로 학습하고, 경험을 통해 성능을 향상시키는

---

*   Neural Network
**   Geoffrey Everest Hinton(1947년 12월 6일 생). 인공지능 분야를 개척한 영국 출신의 컴퓨터 과학자이자 인지심리학자
***   Machine Learning. 우리말로 기계학습이라고도 합니다.

기술입니다. 이 시기에 인터넷이 보급되면서 데이터양이 급격히 늘어났고, 이는 머신러닝 발전에 큰 도움이 되었습니다. 1997년, IBM 체스 컴퓨터 '딥블루'가 세계 챔피언 게리 카스파로프와 대국을 펼쳤습니다. 6판 경기에서 딥블루는 2승 1패 3무의 성적으로 카스파로프에게 충격적인 패배를 안겼습니다 . 이 사건은 전 세계에 AI 위력을 알리는 계기가 되었습니다. 딥블루는 경기 중 매초 2억 개 이상 수를 분석할 수 있었는데, 이는 당시로서는 놀라운 성과였습니다.

2000년대에 들어서면서 빅데이터와 딥러닝* 개념이 중요해졌습니다. 빅데이터는 엄청나게 많은 양의 데이터를 의미합니다. PC에 이은 스마트폰의 등장으로 더 많은 데이터가 생산되었고, 대규모 데이터 처리 솔루션**과 클라우드 인프라가 마련되면서 데이터 처리 및 활용이 수월해졌습니다. 이렇게 쌓인 빅데이터 덕분에 컴퓨터가 더 정확하게 학습할 수 있게 되었죠.

2010년대에는 머신러닝이 딥러닝 기술로 크게 발전했습니다. 딥러닝은 여러 층의 신경망을 이용해 컴퓨터가 더 복잡한 문제를 해결할 수 있게 해줍니다. 예를 들어 사진 속 사람 얼굴을 정확하게 인식하거나, 자율주행차가 스스로 길을 찾는 데 사용되었죠. 2011년, IBM의 '왓슨'은 퀴즈쇼 제퍼디에 출연해 인간 챔피언을 이기는 쾌거를 이뤄냈습니다. 왓슨은 방대한 양의 데이터를 학습하고 자연어를 이해하는 능력을 보여주었죠.

---

*   Deep Learning. 우리말로 심층학습이라고도 합니다.
**   분산 시스템 하둡이 대표적인 솔루션입니다.

2012년에는 토론토 대학의 제프리 힌튼 팀이 개발한 '알렉스넷'이 이미지넷 대회에서 압도적인 성적으로 우승하면서 딥러닝 기술의 가능성을 입증했습니다. 2016년에는 구글 딥마인드의 알파고와 바둑 세계 챔피언 이세돌 9단의 대국이 전 세계의 이목을 집중시켰습니다. 아시다시피 알파고는 딥러닝 기술을 활용해 이세돌 9단에게 4승 1패로 압승을 거뒀죠.

2020년대에는 더 많은 분야에 AI를 활용했습니다. 그중 챗봇(채팅 로봇)이 큰 인기를 끌었죠. 챗봇은 사람과 대화할 수 있는 AI 프로그램을 말합니다. 챗봇은 기대를 한 몸에 받았지만 별거 없다는 평가를 받으며 AI의 기대가 한 풀 식을 때쯤 2022년 11월 드디어 오픈AI*의 챗GPT가 혜성처럼 등장했습니다.

지금까지 AI 역사를 살펴보았습니다. AI 역사에서 챗GPT는 새로운 가능성에 도전하고 한계를 뛰어넘으려는 인간의 끊임없는 노력의 연속이 만든 결과물입니다. AI 발전사를 되돌아보면 적어도 챗GPT 등장으로 AI와 별개의 비즈니스, 별개의 삶의 시대가 다시는 오지 않을 거라는 사실이 확실해집니다. 마치 스마트폰 대신 삐삐를 차고 다니는 시대로 돌아갈 수 없듯이 말이죠.

2013년 12월 개봉한 영화 〈그녀 her〉는 2025년 인간과 AI의 공존된 삶을 담았습니다. 영화 배경 년도까지 불과 몇 개월이 남았습니다. 테슬라 CEO 일런 머스크는 공장과 가사의 도우미로서 두 다리로 걷고 두 팔로

---

* OpenAI

일하는 옵티머스를 곧 출시한다고 발표했습니다. 당장은 영화 〈그녀〉에서처럼 일상이 극적으로 변화하지는 않겠지만, 이미 비즈니스와 삶에 침투한 챗GPT로 대변되는 AI 코워킹을 넘어, AI와 함께 생활하는 AI 코리빙 시대로 우리는 이동하고 있습니다.

리마인드 노트

1 앨런 튜링과 튜링 테스트 : 튜링 테스트는 1950년대 영국의 수학자 앨런 튜링이 제안한 실험으로, 컴퓨터가 인간처럼 생각할 수 있는지를 평가하는 기준이 되었습니다.

2 첫 번째 AI 겨울 : 1970년대 말, AI 연구가 과도한 기대와 투자에도 불구하고 실질적 성과를 내지 못해 열기가 급격히 식은 시기를 말합니다.

3 신경망(Neural Network) : 1980년대부터 주목받기 시작한 기술로, 인간의 뇌 구조를 모방하여 정보를 처리하는 시스템입니다.

4 머신러닝(Machine Learning) : 1990년대에 크게 발전한 기술로, 컴퓨터가 데이터를 학습하고 경험을 통해 성능을 향상시키는 방법을 의미합니다.

5 딥블루와 카스파로프 대결 : 1997년 IBM의 체스 컴퓨터 '딥블루'가 세계 챔피언 게리 카스파로프를 이겨 AI의 실력을 전 세계에 알리는 계기가 되었습니다.

6 빅데이터(Big Data) : 2000년대에 중요해진 개념으로 대규모 데이터를 저장하고 분석하여 AI의 학습과 예측 능력을 향상시킬 수 있게 되었습니다.

7 딥러닝(Deep Learning) : 2010년대에 급격히 발전한 기술로 여러 층의 신경망을 이용해 복잡한 문제를 해결할 수 있는 능력을 제공하는 인공지능 기법을 말합니다.

8 알파고와 이세돌 대국 : 2016년, 구글 딥마인드의 알파고가 바둑 챔피언 이세돌을 상대로 승리하여 딥러닝의 가능성을 전 세계에 각인시킨 사건입니다.

05

챗GPT는
어떻게 글을 이해하고 쓰나?

챗GPT의 기술을 이해하기에 앞서 초창기의 조건 기반 AI와 그다음 형태인 머신러닝/딥러닝을 살펴보겠습니다. 쉬운 이해를 돕고자 머신러닝이 발전한 형태인 딥러닝도 편의상 머신러닝에 포함시켜서 설명하겠습니다.

초기 AI는 직접 우리가 모든 조건을 설정했습니다. 귀가 뾰족하면 고양이, 귀가 둥글면 개 이런 식으로 말이죠. 하지만 귀가 둥근 개들도 있으니 이런 방식이 늘 들어맞을 리 없습니다. 그래서 더 복잡한 규칙을 만들었지만 결국은 끝없이 예외 상황을 만나게 되었습니다.

그래서 한 번도 개와 고양이를 보지 못했던 아이가 개와 고양이 사진들을 보고 학습해서 스스로 개와 고양이를 구분하듯이, 기계도 마찬가지 아닐까 하는 생각으로 머신러닝을 고안해냅니다. 인간과 달리 초기의 머신러닝은 인간만큼 빠르게 학습하지는 못했습니다. 머신러닝은 개 사진과 고양이 사진에서 스스로 몇백만 몇천만 번의 시도 끝에 특징들을 찾아내는 방식입니다. 엄청난 노력을 해서 겨우 문제를 풀어내는 방식이라고 볼 수 있습니다.

하지만 데이터가 점점 더 많아지고, 학습 자체를 더 잘할 수 있는 방법, 즉 '학습 알고리즘'들을 고안해내고, 이런 알고리즘을 실행할 수 있는 AI 하드웨어* 성능이 점점 더 좋아지면서, 결국은 인간보다 훨씬 더 개와 고양이를 잘 구별해내는 AI를 만들게 되었고, 이런 노력 끝에 이세돌을 이긴 알파고가 탄생했습니다.

초기 머신러닝은 개와 고양이를 구분하는 것 같은 분류에 탁월한 성능을 보였지만, 더 복잡한 쇼핑몰에서 상품 추천 문제를 해결하는 데 어려움이 있었습니다. 개와 고양이라는 단 두 가지만 구분할 때와는 달리, 쇼핑몰에서 상품 추천을 할 때는 사용자 몇만 명이 몇만 가지 상품을 지난 몇 달 동안 구매한 시간별 기록들을 모두 살펴봐야 하기 때문입니다. 어떤 순서로 물건을 샀는가도 매우 중요한 요소이고, 시즌 이벤트나 날씨도 영향을 미칩니다. 한마디로 고려해야 하는 변수가 너무 많습니다.

이런 와중에 구글은 머신러닝에 넣는 학습용 언어 데이터셋에서 단어 순서가 중요하다는 새로운 AI 알고리즘 트랜스포머**를 논문으로 발표했습니다. 기존 구글 번역팀은 아주 복잡한 조건 기반으로 번역 서비스를

---

*   예를 들어 엔비디아 GPU 그래픽카드를 들 수 있습니다.

**   Transfomer. 자세한 내용은 '**부록 1.6** : LLM의 근원, 맥락을 찾아내는 트랜스포머'에서 확인하세요.

제공했는데, 이 새로운 알고리즘을 구글 번역 서비스에 적용하자 획기적인 품질 향상이 있었습니다.

구글의 트랜스포머 논문으로 언어 머신러닝은 획기적으로 발전할 수 있게 되었고, 결국 몇 년 후 오픈AI가 인터넷 데이터를 학습시켜서 GPT*라는 이름의 LLM을 만들게 되었고, GPT 모델을 사용한 챗GPT라는 인류 역사상 제일 빠르게 성장한 서비스를 출시하게 된 겁니다.**

챗GPT가 문장을 생성하는 원리를 이해하려면 앞서 언급한 트랜스포머를 알아야 합니다. 전통적인 언어 모델들이 단어의 빈도나 위치 정보 등 국소적인 특성에 주목했다면, GPT는 트랜스포머 구조를 통해 문장 내 단어 간의 관계와 맥락을 종합적으로 파악합니다.

이를 위해 트랜스포머는 문장 내 모든 단어 쌍 간의 연관성을 수치화해 다차원 공간에 위치시킵니다.*** 단어를 좌표로 나타낸다고 생각하면 이해가 쉽습니다. 의미상 관련이 깊은 단어들은 가까운 위치에, 관련이 적은 단어들은 먼 위치에 배치됩니다. 가령 '사랑'과 '연인'은 가깝게, '사랑'과 '증오'는 멀리 배치합니다. 그리고 '남자'와 '여자'가 있다면 '연인'과도 가까운 거리를 유지합니다. 이렇게 단어를 수백, 수천 차원의 공간에 배치하면서 언어가 가진 복잡한 맥락과 뉘앙스를 표현하게 됩니다. 이는 마치 단어 간의 관계를 나타내는 거대한 지도와 같습니다.

---

*   Generative Pre-trained Transformer
**   2022년 11월 30일에 공개된 후 정확히 64일 만에 1억 명의 사용자를 달성했습니다. 이는 당시 소비자 애플리케이션 중 가장 빠르게 성장한 기록이었습니다.
***   전문 용어로는 맵핑한다고 합니다.

재미있는 점은 이렇게 형성된 단어 간 관계를 수학적으로 계산할 수 있다는 사실입니다. 유명한 예시로 '왕'에서 '남자'를 빼고 '여자'를 더하면 '여왕'이 된다는 실험 결과가 있습니다.* 이처럼 GPT는 단어의 의미를 다차원 공간상의 좌표로 인식해 언어를 마치 수학 공식처럼 연산 가능한 형태로 표현합니다.

쇼핑몰 추천 시스템과 유사한 원리라고 볼 수 있습니다. 고객 A가 맛있는 라면을 끓여 먹고자 **생수**, **라면**, **계란**, 대파를 구매했고, 고객 B가 **생수**, **라면**, **계란**, 김치를 구매했다면, 고객 C가 **생수**, **라면**을 구매한 후 '계란, 대파를 살 확률'과 '계란, 김치를 살 확률'이 각각 50%씩일 겁니다. 추천 시스템은 이 확률을 계산해 고객 C에게 '계란, 대파' 또는 '계란, 김치'를 추천하게 됩니다.

그래서 가령 'I was hungry so I went to eat'이라는 문장을 학습한 GPT 모델에게 'I was hungry so I went to'까지 입력하고 나머지를 완성하라고 하면, 자연스럽게 'eat'을 추론해낼 수 있습니다. GPT는 'hungry'와 'went to' 사이에 'eat'이 등장할 확률이 가장 높다는 사실을 데이터를 통해 학습했기 때문입니다.

재미있는 점은 GPT가 문장의 일부만 주어졌을 때도 그럴듯한 문장을 생성한다는 겁니다. 'I went'라는 짧은 문장만 주어도 GPT는 'I went to the park', 'I went home', 'I went to school' 등 다양한 문장을 생성합니다. 마치 쇼핑 데이터가 부족한 고객에게도 추천을 제공하는 것처럼 말이죠.

---

* 〈Linguistic Regularities in Continuous Space Word Representations〉, NAACL, 2013

물론 입력 문장이 길수록, 즉 맥락이 풍부할수록 더 정교한 문장을 생성할 수 있습니다. 'I was sleepy so I went'라는 문장을 주면 'I was sleepy so I went to bed', 'I was sleepy so I went to the hotel', 'I was sleepy so I went to my car' 등 맥락에 맞는 문장들을 생성하는 겁니다.

챗GPT의 출현으로 단순 분류만 가능하던 AI에서, 자연어로 지시하고 자연어 데이터를 처리하고 다시 자연어로 결과물을 돌려주는 완전히 새로운 차원의 AI 시대가 열리게 된 겁니다.

리마인드 노트

1 조건 기반 AI : 초기 AI는 개발자가 모든 조건을 설정해 작업을 수행하는 방식으로, 복잡한 예외 상황을 처리하는 데 한계가 있었습니다.

2 트랜스포머(Transformer) : 단어 간의 관계와 맥락을 이해하는 데 중요한 역할을 하는 모델로, 자연어 처리 기술을 혁신적으로 발전시켰습니다.

3 GPT(Generative Pre-trained Transformer) : 트랜스포머를 기반으로 한 LLM으로, 대규모 텍스트 데이터를 학습해 자연스럽고 일관된 문장을 생성할 수 있습니다.

4 확률 기반 언어 생성 : GPT는 주어진 텍스트의 맥락을 바탕으로 가장 그럴듯한 단어와 문장을 확률적으로 예측해 생성합니다.

5 챗GPT의 한계 : 통계적 모델로서 팩트의 정확성, 편향성, 윤리성 등의 문제를 해결해야 하는 과제가 있으며, 완전한 이해가 아닌 확률적 추론에 기반합니다.

06

챗GPT는
검색엔진과 어떻게 다른가?

챗GPT에게 궁금한 것을 물어보면 답변을 해주므로 언뜻 생각하면 검색엔진과 비슷하다고 생각할 수도 있습니다. 비슷해 보이지만 전혀 다른 기술입니다.

구글이나 네이버 같은 검색엔진들은 인터넷에 있는 웹페이지들을 가져와서 검색이 잘되도록 정리해 검색어와 연관된 내용을 연결해줍니다. 예를 들어 '꿀이 건강에 좋은 이유'라고 검색을 하면 해당 문장과 비슷한 문장이 웹페이지 제목이나 본문에 있는 웹페이지들을 가져와서 사람들이 자주 찾는 순서대로 정렬해서 보여줍니다. 이때 웹페이지 내용이 옳은지 틀린지 판단은 전혀 하지 않습니다. 자주 찾는 페이지가 더 정확하고 도움이 될 거라는 믿음으로 자주 찾는 페이지들을 상단에 배치해 보여줄 뿐입니다.

검색엔진은 검색어 기준으로 검색을 하기 때문에 '꿀이 건강에 좋은 이유'라고 찾았을 때 영어로 된 페이지들은 검색되지 않습니다. 'The Reasons Why Honey is Good for Your Health'라고 검색해야 영어로 된 결과물을 얻을 수 있습니다. 2024년 기준 인터넷 웹페이지 59% 정도가 영어로 되어 있고, 한국어로는 겨우 0.8% 수준입니다. 영어로 검색해야 더 고품질 정보를 찾을 가능성이 훨씬 높다고 볼 수 있습니다.

챗GPT는 인터넷에 공개된 정보로 학습합니다. 모든 내용을 다 저장하지는 않았지만, 어떤 내용이 어떻게 연결되는지 흐름을 알고 있습니다. 의사에게 '꿀이 건강에 좋은 이유'를 물어보면 본인이 알고 있는 지식을 적당히 조합해서 뭔가 그럴싸한 답변을 하는 것과 비슷합니다. 그래서 챗GPT에게 '꿀이 건강에 좋은 이유'라고 물어보면 인터넷에 있는 내용을 학습한 결과를 바탕으로 어느 정도 정확한, 게다가 정보가 가득한 답변을 해줍니다. 여기에서 놀라운 것은 인터넷에 있는 모든 언어로 된 웹페이지 내용을 학습해 답변을 하기 때문에 영어로 된 웹페이지 내용과 중국어로 된 웹페이지 내용을 합쳐서 답변을 할 수 있다는 점입니다.

따라서 이론적으로는 한국어로 검색해도 영어로 검색한 것과 비슷한 결과를 얻을 수도 있습니다. 이런 효과를 잘 사용하면 챗GPT는 아주 좋은 답변엔진이 될 수 있습니다. 실제로 퍼플렉시티*라는 서비스는 LLM 기술을 기반으로 한 답변엔진을 제공해 많은 관심을 받고 있습니다. 최근에

---

*   https://www.perplexity.ai

오픈AI에서도 '서치GPT'*라는 비슷한 기술을 만들어서 챗GPT에 내장하겠다고 발표했습니다. 지난 25년간 인터넷 검색을 독점해온 구글의 아성에 서치GPT 기술을 탑재한 챗GPT가 어느 정도 타격을 줄 수 있을지 앞으로 지켜봐야겠습니다.

검색엔진과 챗GPT는 사용법도 다릅니다. 정교하게 물어볼수록 더 정확하게 답변하는 챗GPT의 특성상 검색엔진을 사용하듯이 단순 질문만 하면 제대로 활용하지 못하는 겁니다. 예를 들면 '꿀이 건강에 좋은 이유'를 찾고 싶다면 '인터넷을 영어로 검색해서 꿀이 건강에 좋은 이유 다섯 가지를 한국어로 정리해주고, 각각 근거를 제시해줘'라고 구체적으로 질문(프롬프트**)을 제시해보세요. 그러면 더 정확한 답변을 받을 수 있습니다.

'앞서 언급한 퍼플렉시티나 서치GPT가 챗GPT랑 무엇이 다르지?'라는 의문이 들 겁니다. 정교하게 프롬프트를 만들지 않아도 알아서 답변을 구체적으로 만들어내는 데 초점을 둔 더 강화된 서비스라고 볼 수 있습니다.

---

*   SearchGPT
**   Prompt. 챗GPT에게 질문이나 지시를 입력하는 방식

리마인드 노트

1 검색엔진과 챗GPT의 차이 : 검색엔진은 검색어와 연관된 웹페이지를 보여주는 반면, 챗GPT는 학습한 내용을 바탕으로 직접 답변을 생성합니다.

2 다언어 학습 : 챗GPT는 여러 언어로 된 웹페이지 내용을 학습하여, 특정 언어로 질문해도 다양한 언어에서 학습한 정보를 바탕으로 답변을 생성할 수 있습니다.

3 퍼플렉시티(Perplexity) : LLM 기술을 기반으로 한 답변엔진으로, 정교한 질문 없이도 구체적이고 정확한 답변을 제공합니다.

4 서치GPT(SearchGPT) : 오픈AI가 개발 중인 기술로, 검색 기능을 강화하여 챗GPT에 내장될 예정입니다. 구글의 검색 시장에 도전하는 새로운 접근 방식을 제시합니다.

5 프롬프트 : 챗GPT에게 주는 질문이나 지시를 말합니다. 질문이 구체적일수록 더 정확하고 유용한 답변을 받을 수 있습니다.

6 답변엔진 : LLM 기술을 이용해 사용자의 질문에 대해 검색 대신 직접 답변을 생성해주는 새로운 형태의 서비스로, 챗GPT와 같은 AI 모델에 의해 구동됩니다.

07

프롬프트 엔지니어링이
그다지도 중요한가?

프롬프트 엔지니어링*은 프롬프트**를 적절히 구성함으로써 챗GPT가 원하는 방향으로 동작하도록 유도하는 기술입니다. 프롬프트는 챗GPT에게 질문이나 지시를 입력하는 방식으로, 원하는 결과에 알맞게 작성해야 합니다. 프롬프트 엔지니어링을 할 때는 크게 네 가지 요소를 고려해야 합니다.

첫째는 **명확한 지시**Instruction입니다. 지시는 최대한 구체적인 것이 좋으며, 챗GPT가 어떤 역할을 해야 하는지, 시키는 업무가 무엇인지 그리고 받고 싶은 답변 형식 등을 명확하게 지정해주어야 합니다. 모호하거나 추상적인 지시보다는 세부적인 요구사항을 전달하는 것이 핵심입니다.

---

*   Prompt engineering
**   Prompt

둘째는 **맥락지식**Context입니다. 챗GPT가 업무를 수행하는 데 필요한 상황 정보와 도메인 지식을 제공하는 것이 중요합니다. 특히 특정 분야에 국한된 전문 용어나 규칙 등을 입력으로 전달함으로써, 정확하고 신뢰성 있는 출력을 기대할 수 있습니다. "우리나라 여름은 습고 더워. 겨울은 영하 10도 아래로 내려가기도 해. 우리나라 기후를 뭐라고 불러?"라는 프롬프트를 주면 "우리나라 기후는 온대 계절풍 기후라고 불려요. 여름은 덥고 습하며, 겨울은 춥고 건조한 특징이 있어요. 이런 기후는 사계절이 뚜렷하게 구분되는 것이 특징이에요."와 같이 맥락에 맞는 답변을 할 확률이 높아지는 겁니다. 대화가 진행될수록 프롬프트에는 이전 대화 내용이 누적됩니다. 질문과 답변이 연속적으로 쌓이면서 맥락 전체를 고려해 다음 발언을 생성하게 됩니다.

셋째는 **예시**Example입니다. 챗GPT에게 기대하는 입력과 출력 형식을 예시로 보여주는 것이 효과적입니다. 퓨샷 러닝*으로도 불리는 이 방법은, 유사한 프롬프트에 대한 이상적인 입력과 출력 샘플을 제공함으로써 챗GPT가 패턴을 학습하도록 돕습니다. 예를 들어 "1 더하기 1은 2야. 1 더하기 2는 몇이야?"라고 질문하면, "1 더하기 2는 3이야."라는 답변을 얻게 됩니다.

넷째는 **입력**Input 그 자체입니다. 즉, 사용자가 챗GPT에게 실제로 전달하는 입력 텍스트를 의미합니다. 이 입력 테스트를 가지고 지시한 업무를

---

* few-shot learning

진행해서 지정한 포맷으로 결과를 돌려줍니다. 다음은 재무 담당자로서 업무를 수행하도록 프롬프트를 생성한 예시입니다.

- **지시(Instruction)** : 당신은 회사의 재무 담당자로서, 정확한 계정 코드를 지정하는 역할을 맡고 있습니다. 다음 지출 내역에 해당하는 계정 코드를 선택해주세요. 사용 가능한 계정 코드는 아래 리스트 중 하나입니다. 결과물은 계정 코드 하나만 입력해주세요.
- **맥락(Context)** : 계정 코드 목록: 식비, 소모품비, 여비교통비
- **예시(Example)** : "냉면 2만원" 〉 "식비"
- **입력(Input)** : 택시 1만원
- **출력(Output)** : 여비교통비

이렇듯 챗GPT는 자연어로 명령을 내리면, 자연어 입력 데이터를 처리하여, 다시 자연어 출력 데이터를 돌려줍니다. 심지어 인간보다 높은 수준의 결과물을 돌려줍니다. 인간만이 처리할 수 있던 업무를 이제는 챗GPT가 처리할 수 있게 된 것이고, 답변 품질은 프롬프트 작성 기술로 끌어올리면 됩니다. 그런데 프롬프트 작성의 진짜 어려움은 여기서부터 시작됩니다. 같은 프롬프트에 대해서도 때때로 일관되지 않은 결과를 내놓습니다. 마치 블랙박스와 같아서 동작을 예측하고 제어하는 것이 쉽지만은 않습니다.

언어 모델의 동작 원리에 대한 이해 없이는 효과적인 프롬프트 엔지니어링을 기대하기 어렵습니다. 프롬프트 엔지니어링은 전통적인 프로그래밍과는 사뭇 다른 접근 방식이 요구되기 때문입니다. 챗GPT와의 상호작용을 통해 원하는 결과를 이끌어내는 일종의 '자연어 프로그래밍' 기술이 필요한 셈입니다.

구글에서 시행한 실험은 프롬프트 엔지니어링의 중요성을 잘 보여줍니다. 연구진들은 같은 LLM에 대해 서로 다른 프롬프트 전략을 적용했는데, 그 결과 프롬프트 설계에 따라 모델의 성능이 최대 30%까지 차이가 났습니다.* 코드 생성부터 금융 분석, 마케팅 콘텐츠 제작에 이르기까지 다양한 분야에서 GPT-4의 활용이 시도되고 있는데, 체계적인 프롬프트 설계가 뒷받침되지 않는다면 그 잠재력을 온전히 실현하기 어렵다는 이야기입니다.

챗GPT로 대표되는 대화형 AI와 자연스럽게 소통하는 것은 일종의 (그리고 보편적일) AI 코워킹이며 분명 짜릿한 경험이 될 수 있습니다. 하지만 이를 실제 업무에 적용하려면 또 다른 노력이 필요합니다.

대화를 나누듯 코딩하는 시대가 열렸습니다. 자연어 프로그래밍 역량이 기업 경쟁력의 핵심 요소로 부상할지도 모르겠네요. 기술의 발전만큼이나 흥미로운 건, 그에 적응하고 새로운 기회를 창출해나가는 우리의 상상력일 겁니다. '**부록 II** : 챗GPT와 대화하는 9가지 프롬프트 기법'에서

---

*   Lester, Brian, et al. 〈Prompt tuning: Transferring knowledge from language models to discriminative models〉, arXiv preprint arXiv:2104.08691(2021).

구체적인 프롬프트 기법에서 확인하세요.

⌯ 리마인드 노트

1 프롬프트 엔지니어링(Prompt engineering) : 챗GPT의 출력을 원하는 방향으로 이끌어내기 위해 프롬프트를 정교하게 설계하는 기술입니다.

2 명확한 지시(Instruction) : 챗GPT에게 수행할 업무를 구체적으로 지시하는 것으로, 추상적이지 않고 세부적인 요구사항을 전달하는 것이 중요합니다.

3 맥락지식(Context) : 챗GP가 정확한 출력을 내는 데 필요한 상황 정보와 도메인 지식을 제공하는 것으로, 전문 용어나 규칙 등을 입력으로 전달합니다.

4 퓨샷 러닝(few-shot learning) : 챗GPT에게 기대하는 입력과 출력 형식을 예시로 보여줘 모델이 패턴을 학습하도록 돕는 방법입니다.

5 자연어 프로그래밍 : 프롬프트 엔지니어링은 챗GPT와의 상호작용을 통해 원하는 결과를 이끌어내는 '자연어 프로그래밍' 기술로, 전통적인 프로그래밍과 다른 접근 방식이 요구됩니다.

6 프롬프트 전략의 중요성 : 구글 실험 결과, 프롬프트 설계에 따라 LLM 성능이 최대 30%까지 차이가 납니다. 효과적인 프롬프트 설계가 성능에 큰 영향을 미칩니다.

08

더 읽기 전에
기초 용어 리마인드

　지금까지 챗GPT에 대한 기초적인 궁금증을 풀어봤습니다. 앞으로 더
본격적으로 챗GPT 시대를 살아가는 이야기를 할 겁니다. 그전에 지금까
지 배운 내용 중 중요 키워드를 리마인드하는 시간을 가져보겠습니다.

리마인드 노트

1 **AI**는 인간의 지능을 모방해 기계나 컴퓨터가 스스로 학습하고 문제를
해결할 수 있게 하는 기술입니다. 머신러닝, 딥러닝, LLM 등 다양한 하
위 분야를 포함합니다.

2 **모델**은 AI를 위해서 학습된 결과물로서 문제에 답을 하는 곧 추론을 하
는 데 사용합니다.

3 머신러닝은 기계가 데이터로부터 학습해 특정 작업을 수행하는 AI의 한 분야입니다. 학습 알고리즘을 통해 패턴을 찾고, 경험을 바탕으로 성능을 향상시키며, 새로운 데이터에 대한 예측이나 의사결정을 할 수 있게 해줍니다.

4 신경망은 인간 뇌의 뉴런 구조를 본떠 만든 시스템으로, 입력 데이터를 처리하고 패턴을 인식해 학습하는 능력을 갖추고 있습니다. 이 기술은 딥러닝의 기초가 되며, 이미지 인식, 자연어 처리, 예측 모델 등 다양한 AI 응용 분야에서 사용됩니다.

5 LLM(Large Language Model)은 방대한 텍스트 데이터를 학습한 대규모 언어 모델입니다. 자연어 처리, 언어 생성, 질의 응답 등 다양한 자연어 처리 작업에서 뛰어난 성능을 보이며, GPT-4o, 제미나이, 클로드 등이 대표적인 예시입니다.

6 챗GPT는 LLM 기술을 대표하는 서비스입니다. 비슷한 서비스로 엔트로픽 클로드, 구글 제미나이 등이 있죠.

7 프롬프트(Prompt)는 챗GPT에게 질문이나 지시를 입력하는 방식입니다.

8 프롬프트 엔지니어링(Prompt engineering)은 LLM의 출력을 원하는 방향으로 이끌어내기 위해 프롬프트를 정교하게 설계하는 기술입니다.

9 환각현상(hallucination)은 챗GPT가 실제로 존재하지 않은 정보를 만들어내는 현상입니다. 프롬프트를 명확하게 주지 않았을 때 발생할 수 있고, 챗GPT가 학습한 내용이 아닐 때도 발생할 수 있습니다. 이 현상은 매우 곤란한 문제이므로, 잘 설계된 프롬프트로 환각현상을 방지해야 합니다.

AI 코워킹과
AI 코리빙으로의 초대

새 아침을 알리는 수탉의 "꼬끼오"가 "챗이오~~~"로 바뀔 지경입니다. 챗GPT가 일상으로 스며들었기 때문입니다. 챗GPT, 클로드, 제미나이의 등장으로 이제 인간의 언어로 컴퓨터에 일을 시킬 수 있게 되었습니다. 이들 모델은 문서 작성, 데이터 분석, 외국어 학습, 코딩 등 다양한 분야에 활용되고 있으며, 1년이 길다 할 정도로 엄청난 성능 비약을 이루고 있습니다. 그러나 여전히 환각현상으로 대변되는 부정확성, 편향성, 보안 위험 등의 한계가 있으며, 이를 개선하고 모델의 투명성과 통제성을 높이는 연구가 지속되고 있습니다.

AI 기술은 헬스케어, 금융, 제조업, 교통, 에너지 등 다양한 분야에서 혁신을 주도하고 있습니다. 머신러닝 기술을 활용한 AI 모델들이 의료 영상 판독, 금융 위험 관리, 자율주행, 스마트 그리드 등에 접목되어 큰 성과를 내고 있습니다. 여기에 챗GPT의 등장으로 신기술에 민감한 선구자들의 업무와 라이프 스타일이 바뀌고 있고, 기업들의 생산성과 서비스가 빠르게 향상되고 있습니다. 이에 따라 기업과 개인 모두 새로운 기술 변화에 발맞추어 적응하고 대응해야 하는 상황입니다. 기업은 AI 기술 도입을 통한 업무 효율성과 의사결정 개선, 인력 재교육과 조직 재편 등의 과제에 직면했습니다. 개인 차원에서도 AI가 대체하기 어려운 고유한 역량을 계발하고 새로운 기술 습득에 힘써야 합니다. 기업에게 AI 코워킹AI co-working 뿐 아니라 개인에게 AI 코리빙AI co-living도 머지 않았습니다.

기업이 챗GPT와 LLM 기술을 사용할 수 있는 방안 다섯 가지를 정리해 드리겠습니다.

1. **직접 LLM 모델링하기**

   - 기업이 자체적으로 LLM(대형 언어 모델)을 설계하고 훈련하는 방법입니다.

   - **장점** : 기업의 요구사항에 맞춘 모델을 완전히 제어할 수 있으며, 매우 세밀한 최적화가 가능합니다. 특히 기업이 민감한 데이터나 특화된 도메인 지식을 다룰 때 큰 이점을 제공합니다.

2. **GPT API 활용하기**

   - GPT API를 사용하여 빠르게 애플리케이션에 통합하는 방법입니다.

   - **장점** : 직접 모델을 구축하거나 유지보수할 필요 없이 고성능 LLM 기능을 바로 사용할 수 있어 개발 속도가 빠릅니다.

3. **챗GPT를 활용한 프롬프트 최적화**

   - 챗GPT를 활용하여 다양한 작업을 수행할 때, 최적의 프롬프트를 설계하여 원하는 출력을 얻어내는 기술입니다. 특히 마케팅 콘텐츠 생성, 데이터 분석 결과 설명 등에서 유용하게 사용됩니다.

   - **장점** : 기존 모델을 활용하여 다양한 작업을 수행할 수 있으며 고급 NLP 기능을 빠르고 쉽게 적용할 수 있습니다.

4. **미세조정(파인튜닝)하기**

   - 특정 산업 또는 기업의 요구사항에 맞추어 LLM을 최적화합니다. 기업의 특화된 언어, 용어, 문서 스타일 등에 알맞는 결과를 생성할 수 있습니다.

   - **장점** : 기존의 대형 언어 모델을 기반으로 더 높은 정확성과 관련성을 가진 모델을 개발할 수 있습니다.

5. **정보 검색과 텍스트 생성 결합 방식 RAG***

- LLM과 검색 시스템을 결합하여 사용자가 질문할 때 외부 데이터베이스나 문서에서 관련 정보를 검색하고 이를 바탕으로 응답을 생성하는 방식입니다.

- **장점** : 모델이 최신 정보나 특정한 데이터에 기반하여 정확하고 신뢰할 수 있는 답변을 제공할 수 있습니다.

'챗GPT를 활용한 프롬프트 최적화'와 'GPT API 활용'은 개인도 가능합니다. 나머지는 적어도 회사 규모에서 대응할 수 있는 활용법입니다. 여기서는 간단히 항목만 나열하고 구체적인 내용은 이후에 지속적으로 살펴보겠습니다.

이번 장에서는 챗GPT가 몰고온 일상과 비즈니스의 변화를 살펴봅시다.

---

*   Retrieval-Augmented Generation

01
AI 코워킹,
AI 코리빙 시대가 온다

PC, 인터넷, 모바일이 등장할 때 세상은 크게 변화했습니다. 그러나 이전 세대는 그 변화를 상상하기 어려웠죠. 인터넷 이전 시대 사람들은 인터넷이 가져올 변화를 상상할 수 없었고, 모바일도 마찬가지였어요. 조선 시대 사람들은 전화기를 들고 다니면서 물건을 주문하는 것을 상상하기 힘들었을 겁니다. AI 시대도 마찬가지입니다. 우리의 상상을 뛰어넘는 발전이 있을 것이고, 그 변화에 대비하려면 지금부터 차근차근 준비해야 합니다.

지금 당장 스마트폰에서 챗GPT 앱을 실행해보세요. 그리고 "영어를 효과적으로 배울 수 있는 방법을 알려줘"라고 말로 질문해보세요. 그러면 챗GPT가 신나서 음성으로 답변을 해줄 겁니다. 이전 같으면 네이버나 구글 검색창에 "영어 배우기"를 타이핑해 가장 관심이 있는 글을 찾아 클릭했을 겁니다. 과거에는 시장이나 마트에 가서 물건을 샀지만 지금은 온라인 쇼핑몰에서 물건을 구매한 뒤 집에서 기다리면 물건을 배송받을 수 있죠. 딱 맞는 비유는 아니겠지만 챗GPT가 있으면 이곳저곳 사이트를 돌아다니지 않고, 채팅하듯 한 자리에서 원하는 정보를 받아볼 수 있습니다. 심지어 타이핑하지 않고 말만 해서 말이죠.

챗GPT로 대변되는 AI 기술의 발전은 다양한 산업에서 혁신을 이끌고 있습니다. 이 변화는 단순한 자동화를 넘어서 인간과 AI가 협력해 더 나은 성과를 달성하는 새로운 업무 환경을 만들어내고 있습니다. 이미 의사, 변호사, 회계사, 경리, 창작자, 공장 노동자들이 AI와 협력하고 있고 앞으로 협업하게 될 겁니다.

예를 들어 의료 분야 AI는 진단과 치료 계획 수립에서 중요한 역할을 하고 있습니다. 방대한 의료 데이터를 분석해 질병을 조기에 발견하고, 맞춤형 치료 계획을 제공하는 데 도움을 줍니다. IBM의 왓슨엑스 AI 어시스턴트*는 환자 질문에 일관된 답변을 제공하고 증상 검사기 역할을 수행하고, 환자 분류를 수행하고, 약속 예약, 처방전 리필, 약속 알림 또는 후속 조치와 같은 일상적인 작업을 관리합니다.

법률 분야에서도 AI의 활용이 점점 늘어나고 있습니다. AI는 법률 문서를 분석하고, 케이스 법률 연구를 수행하며, 계약서를 검토하는 데 사용됩니다. AI 기반 계약 분석 도구는 계약서의 주요 조항을 자동으로 검토하

---

*   Watsonx AI Assistant. https://ibm.co/46ZbHxW

고, 잠재적인 법적 문제를 식별합니다. 또한 법률 연구와 판례 분석에도 AI가 사용됩니다. 예를 들어 로스*는 IBM 왓슨을 기반으로 한 법률 연구 도구로, 변호사들이 필요한 법적 정보를 더 빠르고 정확하게 찾을 수 있도록 돕습니다.

회계와 경리 업무에서도 AI는 반복적인 작업을 자동화하고, 재무 분석을 개선하는 데 큰 역할을 하고 있습니다. AI는 대규모 데이터를 실시간으로 분석해 재무 보고서를 생성하고, 사기 탐지를 수행하며, 세무 최적화를 돕습니다. 예를 들어 AI를 사용해 고객의 재무 데이터를 분석하고, 잠재적인 회계 오류나 사기 활동을 탐지하는 데 도움을 줄 수 있습니다. 이런 기술은 특히 대규모 거래를 처리할 때 유용하며, 감사 과정에서 인적 오류를 줄이는 데 기여합니다.

창작 분야에서도 AI는 새로운 도구로 자리 잡고 있습니다. 예술가, 작가, 디자이너 등 창작자들은 AI를 활용해 창의적인 작업을 보완하고 있습니다. 예를 들어 챗GPT는 글쓰기 도우미로서 작가들이 더 나은 글을 작성할 수 있도록 지원합니다. 또한 AI 기반 디자인 도구는 디자이너들이 더 빠르게 시각적 콘텐츠를 제작하는 데 도움을 줍니다. 또한 음악 작곡에서도 AI가 활용됩니다. 앰퍼 뮤직**은 사용자가 원하는 스타일과 장르를 입력하면 음악을 작곡해줍니다.

제조업에서도 AI는 생산성을 높이고, 품질 관리를 개선하는 데 중요한

---

*   ROSS Intelligence. https://blog.rossintelligence.com
**   셔터스톡(Shutterstock)이 2021년 1월 6일에 Amper Music을 인수했습니다.

역할을 합니다. 테슬라와 같은 기업은 AI를 활용해 생산 공정을 자동화하고, 예측 유지봇를 활용해 기계 고장을 사전에 예방하고 있습니다.

특히 테슬라의 휴머노이드 로봇 옵티머스는 공장과 가정에서 중요한 변화를 가져올 전망입니다. 옵티머스는 2023년 말에 공개된 테슬라의 최신 로봇으로, 이전 모델에 비해 이동 속도가 30% 빨라졌고, 균형이 향상되었으며, 무게는 10kg 줄었습니다. 이런 개선 덕분에 인간이 맡아온 반복적인 작업을 더 효율적으로 수행할 수 있습니다. 옵티머스는 자율적으로 작업을 수행할 수 있는 능력을 갖추고 있는데, 이는 테슬라의 자율 주행 차량 프로그램에서 얻은 기술을 활용한 겁니다. 가정에서는 옵티머스가 청소, 정리 등의 가사 일을 돕고, 심지어는 동반자로서의 역할도 할 수 있을 것으로 기대됩니다. 엘론 머스크 테슬라 CEO는 "옵티머스가 결국 테슬라의 자동차 사업을 능가하는 가치를 지니게 될 것"이라고 말할 정도입니다.[*] 머스크의 발언 대로라면 가정에서 옵티머스와 가사를 분담하는 AI 코리빙AI co-living 시대가 멀지 않았습니다.

"옵티머스, 나 출근할 게! 낮에 놀지 말고 빨래하고, 청소도 좀 하고, 저녁 반찬 내가 좋아하는 걸로 7가지 해두고 기다려!"

상상만 해도 즐겁지 않나요?

일반적인 회사 업무에서도 많은 변화가 일어나고 있습니다. 우리가 매일매일 사용하는 이메일 솔루션에 AI가 들어가면서 이메일 내용을 요약

---

[*]   https://bit.ly/3yI1MAe

해주고, 이메일 초안을 작성해주고, 작성한 이메일에 대해서 의견을 제시하기도 합니다. 조만간에 이메일들을 모두 분석해서 오늘 해야 할 일들을 정리해주고, 주간 보고서를 자동으로 만드는 서비스가 출시될 겁니다.

개발자들은 이미 깃허브 코파일럿이라는 도구를 사용합니다. 만들고자 하는 프로그램 기능을 자연어로 설명하면 해당 코드를 깃허브 코파일럿이 작성합니다. 덕분에 개발자 생산성이 평균 70% 향상되었다는 조사 결과가 있습니다.

대학생들과 직장인들은 이미 문서 작성, 데이터 분석, 아이디어 탐구, 기술적인 문제 해결 등 다양한 상황에 챗GPT를 사용합니다. 절대로 불평하지 않는 온종일 지시를 내릴 수 있는 아주 착하고 똘똘한 비서가 있는 겁니다. 물론, 대학교를 아주 우수한 성적으로 졸업한 친구이지만, 지금 내가 하는 일에 대해서는 아무것도 모르고, 나(사용자)에 대해서도 아무것도 모르기 때문에, 아주 자세하게 지시해야 한다는 단점은 있습니다. 하지만 심지어 무척 경제적인 비서이기 때문에 활용도는 무궁무진하게 늘어날 겁니다.

이처럼 AI와의 협업은 다양한 산업 분야에서 일하는 사람들에게 새로운 기회를 제공하고 있습니다. AI는 인간의 능력을 보완하고, 더 나은 결정을 내리는 데 도움을 주며, 반복적인 작업을 자동화해 창의성과 문제 해결 능력에 집중할 수 있게 합니다. AI와의 코워킹, 코리빙은 미래의 비즈니스 환경을 재정의하고, 모든 산업에서 혁신을 촉진하고 있습니다.

📎 리마인드 노트

1 AI 코워킹(AI Co-working) : AI 기술의 발전은 다양한 산업 분야에서 인간과 AI가 협력하여 더 나은 성과를 달성하는 새로운 업무 환경입니다.

2 AI 코리빙(AI Co-living) : 삶 재정의하고, 더 편리함을 제공하는 AI와의 공동 생활을 말합니다.

3 의료 분야 AI : AI는 진단과 치료 계획 수립에서 중요한 역할을 하며, IBM의 왓슨엑스 AI 어시스턴트는 환자 관리와 관련된 다양한 작업을 자동화합니다.

4 법률 분야 AI : AI는 법률 문서 분석, 케이스 연구, 계약서 검토 등에서 활용되며, 법률 연구 도구인 로스는 변호사들이 더 빠르고 정확하게 법적 정보를 찾을 수 있도록 돕습니다.

5 회계와 경리 업무 AI : AI는 재무 분석, 사기 탐지, 세무 최적화 등에서 사용되며, 회계 오류나 사기 활동을 실시간으로 탐지할 수 있습니다.

6 창작 분야 AI : 예술가, 작가, 디자이너들은 AI를 활용해 창의적인 작업을 보완하고 있습니다. 앰퍼 뮤직과 같은 AI 도구는 음악 작곡을 지원합니다.

7 제조업 AI : 테슬라의 AI 활용 사례에서 볼 수 있듯이 AI는 생산성 향상과 품질 관리 개선에 중요한 역할을 하고 있으며, 옵티머스 같은 AI 로봇이 공장과 가정에서 변화를 가져올 전망입니다.

8 일반 업무의 AI 도입 : 이메일 솔루션에 AI가 통합되어 이메일 작성과 요약, 작업 정리 등을 자동화하며, 업무 효율성을 높입니다.

9 코파일럿 : 프로그래머가 사용하는 코딩 보조 AI입니다. 깃허브 코파일럿, 커서 등이 있습니다. 코드 작성의 효율성을 높이며, 생산성을 평균 70% 향상시킨다는 보고가 있습니다.

AI가 촉발한
비즈니스 기회의 땅

저는 10년 전부터 머신러닝과 LLM 분야에 관심을 갖고 업으로 삼았습니다. 그 동안 따뜻한 봄날과 차가운 겨울이 반복되는 걸 온몸으로 체감했습니다. 포기하지 않고 오래 하니까 몇 차례 특이점이 왔습니다. 이제는 AI 없는 일상과 비즈니스 상황을 상상하기조차 힘들게 되었습니다.

실리콘밸리에 위치한 블리자드에서 개발자로서 그리고 프로젝트 리더와 관리자로 일했습니다. 그 후 넥슨에서는 플랫폼 개발을 담당했습니다. 이후 삼성전자에 합류해 갤럭시 스마트폰에 머신러닝 기반 광고 플랫폼을 개발하고 상용화했는데, 이를 통해 몇 백억 원 매출이 나왔습니다. 광고 사업, 곧 소프트웨어 산업은 일반적으로 하드웨어 산업보다 수익률이 높아 휴대폰 판매 수익보다 가치가 훨씬 큰 경우가 많습니다. 광고 수익 몇백억은 휴대폰 매출 몇천억의 가치가 있죠.

이후 머신러닝에 더 집중하고자 머신러닝 광고 업체 몰로코에 헤드 오브 아키텍처로 합류해 머신러닝을 활용해 고객 수익을 증대하는 업무에 더 몰입했습니다. 머신러닝 기반의 광고 플랫폼을 고객사가 도입해 사용하는 프로젝트에 참여했고, 많은 파트너 사가 몰로코의 머신러닝 기반 광고 플랫폼으로 서비스 수익화에 성공하는 과정을 지켜봤습니다. 이커머스 파트너사가 기존 알고리즘 기반 광고플랫폼에서 몰로코의 머신러닝 기반 광고플랫폼으로 바꾼 후, 광고 클릭률과 제품 구매율이 두 배로 오른 경우도 있었습니다.

몰로코 이후에 뤼이드에서는 LLM을 본격적으로 활용해서 영어 교육 프로젝트를 진행해보았습니다. 사용자와 대화를 할 수 있다는 장점을 십분 사용해서 날마다 영어로 사용자에게 말을 걸고, 사용자가 답변하면 대화를 이어나가면서 영어 사용 습관까지 길러주었습니다. 영어 학습 과정 데이터를 분석해서 사용자의 영어 실력 향상을 위한 조언도 제공했습니다. 그 결과 교육이 LLM을 활용하기에 정말 좋은 분야라는 사실을 확인할 수 있었습니다.

우리는 PC 시대, 인터넷 시대, 모바일 시대를 지나 현재 AI 시대에 살고 있습니다. PC 시대는 마이크로소프트, 인터넷 시대는 구글, 모바일 시대는 애플이 주도했습니다. AI 시대에는 오픈AI, 앤트로픽 등이 새로운 강자로 등장했습니다. 이런 세계적인 회사들은 직접 제품이나 플랫폼을 만듭니다. 웬만한 자금력을 가진 기업이 챗GPT를 만들어봤자 별 상대가 못될 게 자명해보입니다. 다행히 대형 자동차 회사들이 자동차 관련 제품까지 모두 만드는 것은 아니죠. 게다가 자동차 시장에는 중고 시장도 있고, 튜닝 시장도 있고, 세차 시장도 있습니다. 자동차를 이용한 운송 시장, 물류 시장, 이제는 캠핑카 라이프까지 정말 다양한 기회와 시장이 만들어졌습니다. AI 시장에서도 자동차 시장처럼 다양한 기회가 열릴 겁니다. 빅 AI 기업들이 선도하고 있지만, 우리도 그 안에서 역할을 찾아야 합니다.

2023년 3월에 발표된 맥킨지의 보고서에 따르면 생성형 AI는 글로벌 GDP를 향후 7년 동안 2.6조 달러에서 4.4조 달러까지 증가시킨다고 합니다.* 기술 기업에게 AI는 새로운 기회이자 위기입니다. AI 기술 플랫폼과 솔루션 사업의 기회가 열리고 있습니다. 동시에 자사의 기존 제품과 서비스가 AI 기술에 대체되거나 시장을 잠식당할 수 있습니다. 따라서 기업들은 AI 기술을 선제적으로 도입해 기존 사업을 혁신하고, 새로운 AI 기반 제품과 서비스를 개발해야 합니다.

다음은 2024년 7월 기준 생성형 AI 관련 글로벌 투자 톱 10 분야 정보입니다. LLM 모델 자체 연구, 하드웨어/소프트웨어 인프라, 운영 도구들 다음으로 텍스트 쪽에 기존의 인터넷 시대나 모바일 시대보다 더욱 더 큰 자금이 빠르게 유입되고 있습니다.

---

*   McKinsey Global Institute. 〈The economic potential of generative AI: The next productivity frontier〉

▼ 2024년 7월 기준 생성형 AI 관련 글로벌 투자 톱 10 목록

1 **General Intelligence / Model Markers** – $23.2B (OpenAI, Anthropic)

2 **Cloud Computing Providers** – $1.9B (Lambda, CoreWeave)

3 **LLMs Tools : Deploy, Optimize, and Monitor** – $1.7B (Autoblocks, Helicone)

4 **Text : Copy & Writing** – $870M (Jasper AI, HyperWrite)

5 **Code : Code Generation** – $837M (GitHub, Replit)

6 **Text : Knowledge & Research** – $755M (Andi, DeepSearch Labs)

7 **Video** – $461M (Fliki, Phenki)

8 **Gaming : Characters / NPCs** – $359M (Convai Technologies, Character.ai)

9 **LLMs Tools : Data and Embeddings Management** – $349M (Chroma, Metal)

10 **Synthetic Data** – $307M (Hazy, Tonic.ai)

∪ 리마인드 노트

1 **맥킨지 생성형 AI 시장 보고서** : 2023년 3월에 발표된 보고서에 따르면, 생성형 AI는 향후 7년 동안 글로벌 GDP를 2.6조 달러에서 4.4조 달러까지 증가시킬 수 있는 잠재력이 있다고 합니다.

2 **AI 시대의 주요 기업들** : PC 시대의 마이크로소프트, 인터넷 시대의 구글, 모바일 시대의 애플에 이어 AI 시대에는 오픈AI와 앤트로픽 등이 주요 기업으로 부상하고 있습니다.

AI는
양질의 데이터를 먹고 산다

AI 기술 발전의 핵심에는 데이터가 있습니다. AI 서비스를 구축하고 학습시키는 데 대규모 데이터셋이 필수입니다. 실제로 AI 모델 개발 시 전체 프로세스에서 데이터 수집과 전처리에 80% 이상의 시간이 소요됩니다. 특히 최신 챗GPT는 GPT-3보다 훨씬 더 큰 데이터셋으로 훈련되었으며, GPT-3는 약 4,500억 토큰 규모의 데이터로 학습되었습니다. 여기서 4,500억 토큰은 약 3,000억 단어에 해당합니다.

AI는 양질의 데이터를 먹고 삽니다. 데이터 수집량만큼 질적 수준도 AI 모델 성능에 큰 영향을 미친다는 뜻입니다. 사람에게 쓸모없는 데이터는 AI에게 줘도 소용없습니다. 저는 많은 회사가 이 부분을 간과해서 AI 프로젝트에 실패하는 걸 봤습니다. 제대로 된 데이터가 없으면서 그냥 AI에게 맡겨버리는 거죠. 사람에게 쓸모없는 데이터는 기계도 활용할 수 없습니다. 데이터 수집의 목적은 시각화를 통해 사람이 보고 판단하고 행동할 수 있게 하는 겁니다. 의사결정에 도움이 되지 않는 데이터는 수집할 필요가 없습니다. 따라서 사람에게 쓸모 있는 데이터를 고르고 활용하는 게 핵심입니다.

사람에게 쓸모 있는 데이터란, 시각화를 통해 의사결정에 활용할 수 있는 정보를 말합니다. 예를 들어 게임 출시 후 나오는 지표들, 즉 동접자 수나 매출 등은 활용할 수 있는 쓸모 있는 데이터입니다. 이런 데이터를 보고 아이템 가격을 조정하거나 난이도를 쉽게 만드는 식으로 개선 방향을 결정하게 되지요.

쓸모 있는 데이터라면 사람도 분석을 잘하지 않을까 하는 의문이 들 겁니다. 사람은 데이터를 하나하나 분석하고 판단할 수밖에 없죠. 그러다 보니 게임 난이도 조절이 필요하면, 게임 속 맵에서 평균적으로 유저가 많이 죽는 지점을 찾아 전체 난이도를 조절하는 식으로 해결을 합니다. 하지만 AI에게 맡기면 어떻게 될까요? AI는 개개인 수준에서 맞춤형 난이도 조절이 가능합니다. 100만 명의 유저가 있다면 한 사람 한 사람에게 딱 맞는 서비스를 제공해 해결할 수 있습니다.

챗GPT가 인터넷의 정말 많은 데이터로 사전학습이 되었다는 것은 세상에 대한 상식이 아주 많은 똑똑한 신입사원이라는 뜻입니다. 곧, 우리 회사 내부의 데이터는 모른다는 뜻입니다. 예를 들어 고객지원 과정에서 알게 된 문제점들을 챗GPT를 활용해서 해결하고 싶다면, 회사 내부의 데이터가 아주 잘 정리되어 있어야 합니다. 챗GPT를 만들 때도, 활용할 때도 많은 양질의 데이터가 필요합니다. 그러므로 항상 데이터와 연관시켜서 생각하는 것이 좋습니다.

데이터를 효율적으로 관리하고 활용하려면 데이터 플랫폼이 필수적입니다. 스노우플레이크, 아마존 레드시프트, 구글 빅쿼리 등 주요 데이터 플랫폼들은 대규모 데이터를 통합, 정제, 가공해 AI 및 분석 작업을 지원합니다.* AI가 발전하면서 데이터 플랫폼 회사들은 더 큰 호황을 누리고 있습니다.

⌓ 리마인드 노트

1 데이터의 중요성 : AI 모델을 구축하고 학습시키는 데 대규모 데이터셋이 필수적입니다. 데이터 수집과 전처리에 전체 프로세스의 80% 이상이 소요됩니다.

2 의미 있는 데이터 : 사람에게 쓸모 있는 데이터를 확보하고 활용하는 것이 AI 모델의 성능을 높이는 길입니다. 의사결정에 도움이 되지 않는 데이터는 수집할 필요가 없습니다.

3 맞춤형 서비스 : AI는 개개인에게 맞춤형 서비스를 제공할 수 있으며, 대량의 데이터를 분석하여 개인별로 최적화된 결과를 도출할 수 있습니다.

4 데이터 플랫폼 : 스노우플레이크, 아마존 레드시프트, 구글 빅쿼리 등의 데이터 플랫폼은 대규모 데이터를 통합, 정제, 가공해 AI 및 분석 작업을 지원합니다.

---

* 또한 데이터 레이크, 데이터 웨어하우스, 데이터 파이프라인 등 기능도 제공합니다. 데이터 레이크는 데이터를 원시 형태로 저장하는 시스템이고, 데이터 웨어하우스는 분석을 위해 구조화된 데이터를 저장하는 시스템이며, 데이터 파이프라인은 데이터를 수집, 처리, 저장하는 일련의 자동화된 흐름입니다.

04

데이터 프라이버시를
지키자

데이터 활용에는 프라이버시 이슈가 항상 따릅니다. 나라마다 관련 법규가 다르기 때문에 세심한 주의가 필요합니다. 예를 들어 EU의 GDPR*, 미 캘리포니아의 CCPA** 같은 개인정보보호법을 준수하려면 데이터 거버넌스와 프라이버시 분석이 선행되어야 합니다. 일반적으로 개인식별정보와 민감정보는 엄격히 관리되어야 하지만, 반면 익명화된 데이터는 마음껏 활용할 수 있습니다. 따라서 데이터를 활용하려면 익명화, 가명화, 합성데이터, 차등정보보호 등의 기술을 반드시 적용해야 합니다.

데이터를 프라이버시 기준으로 분류하자면 개인정보와 익명정보가 있

---

*   General Data Protection Regulation. 일반 데이터 보호 규정 : 유럽 연합의 개인 데이터 처리와 관련된 규정으로 EU 내 개인의 프라이버시 권리를 강화합니다.

**   California Consumer Privacy Act. 캘리포니아 소비자 프라이버시 법 : 캘리포니아 주의 법으로, 거주자에게 자신의 개인 데이터에 대한 알 권리, 삭제 권리, 데이터 판매 거부 권리를 부여합니다.

습니다. 개인정보라고 하면 개인을 측정할 수 있는 정보, 즉 주민등록번호, 주소, 이름을 말합니다. 이 정보는 사용하면 안 됩니다. 근데 사실 이런 걸 가지고 AI로 뭘 할 수 있냐 생각하면 별로 할 수 있는 것이 없습니다. 반면 분류 정보, 즉 '남자/여자, 서울에 산다, 강남구에 산다, 타고 다니는 자동차 브랜드는 뭐다' 이런 정보는 기본적으로 익명정보입니다. 익명정보로는 개인을 측정할 수 없어, 마음껏 이용해도 문제가 되지 않습니다. 심지어 익명정보 데이터는 정보를 분류하여 사용하는 데 훨씬 더 효과적이기도 합니다.

그래도 개인정보에 관심이 가는 걸 억누를 수는 없나봅니다. "개인정보로 무엇을 할 수 있냐"는 질문을 심심치 않게 받습니다. 결론을 말씀드리면 개인정보를 가지고 할 수 있는 일은 거의 없습니다. 익명정보만으로도 충분하니, 개인정보는 건드리지 마세요. 아예 처음부터 익명정보만 수집하기 바랍니다. 개인정보가 필요한 경우라도 수집 즉시 익명 처리하면 됩니다. 주민등록번호를 성별 정보로 변환한다거나, 상세 주소를 구 단위로만 저장하는 식으로요. 익명정보만 잘 활용해도 대부분 분석은 충분히 가능하니까요.

데이터는 AI 기술 발전의 원동력입니다. 하지만 데이터 자체보다는 데이터를 어떻게 구축하고 활용하는지가 관건입니다. 데이터 플랫폼을 통해 체계적으로 데이터를 관리하고, 프라이버시 이슈를 고려해 데이터를 가공 및 익명화하는 등의 과정을 선행하기 바랍니다. 기업 차원에서는 조직 구성원 모두가 데이터 프라이버시에 대한 기본 소양을 갖추고 있어야 합니다. 개발, 영업, 인사 등 다양한 부서에서 데이터를 필연적으로 활용하기 때문입니다. 누구 한 명이 개인정보를 잘못 활용하면 조직 전체에 큰 위험이 닥칠 수 있습니다.

🔖 리마인드 노트

1 **프라이버시 이슈** : 데이터 활용에는 프라이버시 문제가 항상 따라오며, 나라별 개인정보 보호법을 준수해야 합니다. GDPR, CCPA와 같은 법규를 준수하려면 데이터 거버넌스와 프라이버시 분석이 필요합니다.

2 **개인식별정보(PI)** : 개인을 직접 식별할 수 있는 정보로, 엄격하게 관리되어야 하며 AI에 활용하면 안 됩니다.

3 **익명화된 데이터** : 개인을 식별할 수 없는 정보로, AI 분석에 자유롭게 활용될 수 있으며, 개인정보를 익명화하여 데이터를 안전하게 사용하는 것이 중요합니다.

4 **조직의 데이터 프라이버시 소양** : 기업의 모든 구성원이 데이터 프라이버시에 대한 기본 소양을 갖추는 것이 중요합니다. 데이터의 잘못된 활용이 조직 전체를 위험에 빠뜨릴 수 있습니다.

PART
03

머신러닝을
성공적으로 도입한
리더들

AI 기술의 발전은 이제 거스를 수 없는 대세입니다. 도요타와 같은 자동차 회사들도 처음에는 전기차 개발에 소극적이었지만, 테슬라의 성공을 목격한 후에는 전기차가 미래임을 인정할 수밖에 없게 되었죠. 하이브리드 차량의 인기는 일시적일 뿐, 장기적으로는 전기차로의 전환이 불가피합니다. 미국은 2032년까지 판매되는 신차의 67%를 전기차로 대체하기로 했으며, EU는 2035년부터 내연기관 신차 판매를 금지하는 법안을 통과시켰습니다. 업계 전문가들은 2035년이면 전 세계 신규 차량 판매의 절반 이상이 전기차가 될 것으로 내다봤습니다. 이처럼 전기차는 이제 피할 수 없는 대세입니다.

AI 기술도 마찬가지입니다. 지금은 그 필요성을 의심하는 사람들이 있을지 모르지만, 반드시 도래할 미래 기술임에 틀림없습니다. 과거 필름 카메라업체들이 디지털 기술 변화를 따라 가지 못해 시장에서 도태된 전례를 잊지 말아야 합니다. 코닥은 디지털카메라 기술을 최초로 보유했지만 필름 사업에 집중하다 디지털 카메라로의 전환에 실패해 2012년 파산했습니다. 사업을 하면서, 그리고 인생을 살면서 가장 중요한 것은 반드시 실현될 미래를 정확히 예측하는 겁니다.

새로운 기술을 받아들이려면 개인의 변화를 넘어 조직 전체의 변화가 필요합니다. AI 기술을 깊이 있게 배우고, 조직 문화를 혁신하는 것이 중요합니다. 내부 구성원들과의 소통뿐만 아니라 외부 전문가들과의 교류도 큰 도움이 될 겁니다. 이를 통해 작은 조직으로도 큰 성과를 올릴 수 있고, 새로운 기회를 만들어낼 수 있습니다.

AI를 성공적으로 활용하려면 세 가지 조건이 충족되어야 합니다. 첫째, 모델의 성능이 비즈니스에 실질적인 도움이 될 만큼 뛰어나야 합니다. 처음부터 임팩트 있는 결과를 낼 수 있어야 지속적인 투자를 이끌어낼 수 있습니다. 둘째, 비용 대비 효과가 커야 합니다. 아무리 좋은 모델이라도 도입 및 운영 비용이 과도하다면 활용하기 어려울 겁니다. 셋째, 모델이 지속적으로 발전할 수 있는 구조를 갖춰야 합니다. 환경 변화에 맞춰 모델이 스스로 학습하고 진화하는 선순환 구조를 만드는 것이 궁극적인 목표라 할 수 있습니다.

AI를 성공적으로 도입한 리더들의 사례를 이제부터 살펴보겠습니다.

01

'S&P 7'은
이렇게 활용한다

S&P 7은 미국 주식 시장에서 가장 영향력 있고 빠르게 성장하는 기술 기업들을 지칭하는 용어로 마이크로소프트, 애플, 엔비디아, 알파벳(구글), 아마존, 메타(페이스북), 테슬라를 일커릅니다. 매그니피센트 7이라고도 부릅니다. 그중 마이크로소프트, 알파벳(구글), 아마존, 메타(페이스북)의 AI 활용 근황을 간단히 확인해보겠습니다.

광고 산업은 AI의 도입으로 큰 변화를 맞이했습니다. 광고 업계에서는 광고 성과가 수익과 직결되는 만큼 클릭률 극대화가 중요합니다. 구글, 메타(페이스북) 등 대형 광고 플랫폼들은 세계 최고 수준의 AI 인재들을 영입해 AI 알고리즘 고도화에 매진하고 있습니다. 광고 산업의 니즈가 AI의 발전을 견인했다고 해도 과언이 아닙니다. 넷플릭스는 AI를 통해 고객 개개인의 취향과 니즈에 맞는 상품을 추천함으로써 매출 증대를 꾀하고 있습니다. 아마존의 경우 상품 추천으로 인한 매출이 전체의 35%에 달한다는 보고도 있습니다.

그럼에도 기존 AI로 광고의 효율을 끌어올리는 일은 쉽지 않았습니다. AI 시스템 구축에는 막대한 비용이 소요되는 만큼, 항상 투자 대비 효과를 따져봐야 합니다. 추천 시스템이 매출에 기여하는 비중이 5% 정도라면, 그 성능을 두 배로 끌어올리는 데 드는 비용이 과연 합리적일지 고민해봐야 합니다.

반면 AI가 필수불가결한 영역도 있습니다. 피싱 전화나 스팸 문자, 스팸 메일은 AI가 24시간 365일 실시간으로 필터링해주고 있습니다. 한 통신 업체의 지인은 AI로 스팸 문자를 필터링하지 않으면 오늘날 스마트폰에서 불이날 지경으로 스팸문자가 당도할 거라 말할 정도입니다. 또 다른 예로 유튜브에서 불법적이고 유해한 영상을 필터링하는 일을 사람이 수행하기에는 법적, 윤리적 리스크가 크기 때문에 AI에 의존할 수밖에 없습니다. 비용이 많이 들더라도 기계가 수행해야만 하는 일인 셈입니다.

번역도 AI에 적합한 일입니다. 몇 해 전만 해도 구글 번역팀은 전통적인 알고리즘 활용해 번역 서비스를 제공했습니다. 그러다가 AI 팀이 AI 번역 엔진을 만들어 하루아침에 번역 품질을 대폭 향상시켰습니다. 그 결과 기존 알고리즘 개발자 상당수가 AI 팀으로 옮겨 개발을 했습니다. 얼마 후 새로 개발한 LLM AI로 번역을 했더니 기존 AI보다 대폭 개선된 번역 품질을 얻을 수 있었습니다. 이는 자연어 처리 분야에 얼마나 큰 혁신을 가져왔는지 엿볼 수 있는 사례입니다.

AI 자체가 서비스의 핵심 가치로 부상하는 분야도 늘고 있습니다. 골프 자세를 분석하는 AI 코치, CCTV 영상을 분석해 화재 발생 시 자동으로 신고하는 시스템, 음성 통화 내용을 실시간으로 텍스트화하는 서비스 등은 AI 없이는 구현 자체가 불가능합니다. 이런 서비스들은 초기에는 기술 시연에 그치는 경우가 많았지만, 최근에는 상용화 사례도 늘어나고 있는 추세입니다.

챗GPT, 제미나이와 같은 대화형 AI의 등장은 이런 흐름에 더욱 박차를 가하고 있습니다. 마이크로소프트는 오픈AI와의 전략적 제휴를 통해 자사의 다양한 서비스에 최첨단 AI 기술을 적극적으로 통합하고 있습니다. 빙 검색엔진에 챗GPT를 통합한 덕분에, 빙은 대화형으로 검색할 수 있도록 개선되었으며, 복잡한 질문에 대한 답변을 더 신속하고 정확하게 제공할 수 있게 되었습니다.

구글 역시 AI 경쟁에서 한 발 앞서 나가기 위해 LLM 기술을 활용해 차세대 검색엔진인 'AI 오버뷰'*를 공개했습니다. AI 오버뷰는 기존의 검색 알고리즘을 뛰어넘어, 사용자의 검색 의도를 더 정확하게 파악하고 개인화된 결과를 제공하는 데 중점을 둡니다. 이 검색 엔진은 방대한 데이터를 실시간으로 분석하고, 사용자가 원하는 정보를 쉽게 찾을 수 있도록 도와주는 고도의 AI 기능을 탑재하고 있습니다.

메타는 자체 개발한 LLM인 '라마LLaMA' 모델을 공개했습니다. 라마는 메

---

*   AI Overview. 사용자가 질문을 하면 SGE는 여러 출처에서 정보를 수집해 요약된 답변을 생성하며, 후속 질문에 대해 맥락을 유지하면서 대화형으로 응답합니다.

타가 보유한 방대한 사용자 데이터를 기반으로 개발된 모델로, 자연어 처리와 이해에서 뛰어난 성능을 발휘합니다. 메타는 라마를 자사의 다양한 플랫폼에 통합하여, 사용자들에게 개인화된 콘텐츠 추천, 자동화된 고객 지원, 향상된 커뮤니케이션 도구를 제공하려고 합니다. 소셜 미디어와 메타버스의 영역에서 AI 활용도를 극대화하려는 의도입니다.

이밖에 애플은 온디바이스 AI, 테슬라는 자율주행과 로봇, 엔비디아는 GPU에 주력하고 있습니다. 세 회사들은 뒤에서 각각 더 집중해서 다루겠습니다. 이처럼 주요 IT 기업들은 AI와 LLM 기술을 자사의 핵심 서비스에 통합하여, 사용자 경험을 개선하고 경쟁 우위를 확보하기 위해 치열한 경쟁을 벌이고 있습니다.

⌒ 리마인드 노트

1 광고 산업의 AI 도입 : AI는 광고 클릭률을 높이는 데 중요한 역할을 하며, 구글과 페이스북 같은 대형 플랫폼들은 AI 알고리즘 고도화에 집중하고 있습니다.

2 추천 시스템의 중요성 : 넷플릭스, 아마존 등 기업들은 AI를 통해 고객 맞춤형 상품 추천으로 매출을 증대시키고 있습니다. 아마존은 이로 인한 매출이 전체의 35%에 달합니다.

3 구글 번역팀의 AI 도입 : AI 팀이 개발한 번역 엔진이 기존 알고리즘을 대체하여 번역 품질을 크게 향상시켰으며, LLM은 또 다시 번역 서비스를 한 단계 더 발전시켰습니다.

테슬라의 자율주행은
왜 차원이 다를까?

AI는 자율주행차 개발에 있어 핵심 기술로 자리잡았습니다. 테슬라를 비롯한 글로벌 자동차 기업들은 AI를 활용해 방대한 주행 데이터를 분석하고, 자율주행 알고리즘을 고도화하고 있습니다. 자율주행차가 안전하게 운행되려면 주변 환경을 정확히 인식하고 판단하는 것이 무엇보다 중요합니다. 차선, 신호등, 교통 표지판 등 도로 인프라부터 차량, 보행자, 장애물까지 실시간으로 파악할 수 있어야 하죠. 이를 위해 라이다, 레이더, 카메라 등 다양한 센서를 자율주행차에 장착해 주행 중 환경 데이터를 수집합니다.

처음에는 수집된 주행 영상을 사람이 일일이 분석해 라벨링하는 작업이 필요했습니다. 화면에 나타난 객체(물체)가 무엇인지, 차선은 어디서 어디까지인지 등을 수작업으로 표시하는 겁니다. 테슬라는 초기에 2,000

여 명을 이 작업에 투입했다고 합니다. 사람의 눈으로 데이터를 분류하고 정제하는 과정을 거쳐야만 AI 모델의 학습 재료로 사용할 수 있기 때문입니다.

이렇게 1년여에 걸쳐 대규모 주행 데이터에 레이블을 달고 나서야, AI 모델 스스로 객체를 인식하고 분류할 수 있게 되었습니다. 주행 영상에서 도로, 차선, 차량, 사람 등 핵심 객체의 영역을 픽셀 단위로 분할하게 된 겁니다. 그후 각 픽셀이 어떤 클래스에 속하는지 예측하도록 학습시키면, 자동으로 객체 위치와 크기를 인식하게 됩니다.

또한 테슬라는 데이터 수집과 활용에서도 한발 앞서 나가고 있습니다. 모든 테슬라 차량에는 카메라 8개, 초음파 센서 12개가 장착되어 있습니다. 이를 활용해 전 세계 수십만 테슬라 차량이 매순간 도로 환경을 캡처하며 엄청난 양의 데이터를 생산합니다. 2020년 기준 테슬라가 수집한 주행 데이터는 무려 30억 마일(48억 km)에 달한다고 합니다.*

이렇게 축적된 빅데이터를 바탕으로 테슬라는 다양한 주행 환경을 시뮬레이션하며 자율주행 알고리즘을 테스트합니다. 특정 도시에서 낮에 촬영한 주행 영상을 활용해 밤이나 악천후 상황에서 주행 환경으로 만들어내는 식입니다. 데이터 합성**이라고 부르는 이 기법은 비용과 시간 측면에서 매우 효율적입니다. 현실 세계의 모든 환경을 일일이 주행 테스트하기란 불가능에 가깝기 때문입니다.

---

*   〈Tesla has collected 3 billion miles of Autopilot data〉, Electrek, 2020
**   Data Synthesis

자율주행 기술은 아직 완전한 '레벨 5 완전 자동화' 수준*에 도달하지 못했지만 꾸준히 진화하고 있습니다. 미국 캘리포니아주 자율주행차 보고서에 따르면, 2021년 테슬라 차량의 자율주행 모드(오토파일럿) 사용 시 운전자 개입 빈도는 1만 마일(16,093km)당 0.22건으로 나타났습니다. 2020년의 0.39건에 비해 크게 개선된 수치입니다.

물론 자율주행 기술의 발전에는 데이터와 알고리즘뿐만 아니라, 정책적, 사회적 합의도 필요합니다. 기술적 완성도가 아무리 높아진다 해도 안전과 윤리, 법적 책임 등에 관한 논의 없이는 상용화되기 어렵습니다. 하지만 자동차 산업과 IT 기술의 융합이 가속화되는 지금, 자율주행은 분명 우리 앞에 다가올 미래임에 틀림없어 보입니다.

---

* 자율주행 기술은 5단계로 구분됩니다. **레벨 1 (운전자 보조)**에서는 차량이 특정 주행 기능을 보조하지만, 운전자가 대부분의 주행을 제어해야 합니다. **레벨 2 (부분 자동화)**는 차량이 여러 주행 기능을 동시에 수행할 수 있지만, 운전자는 여전히 상황을 모니터링하고 필요 시 개입해야 합니다. 레벨 3 (조건부 자동화)에서는 차량이 특정 조건에서 스스로 주행하며, 운전자는 필요할 때만 개입하면 됩니다. **레벨 4 (고도 자동화)**는 특정 환경에서 완전한 자율주행이 가능하며 운전자의 개입이 거의 필요 없습니다. 마지막으로, **레벨 5 (완전 자동화)**에서는 모든 주행 상황에서 운전자의 개입 없이 차량이 완전히 자율적으로 운행할 수 있습니다.

리마인드 노트

1 자율주행차와 AI : AI는 자율주행차 개발에서 핵심 기술로 자리잡았습니다. 테슬라를 비롯한 글로벌 자동차 기업들이 AI를 활용해 방대한 주행 데이터를 분석하고 자율주행 알고리즘을 고도화하고 있습니다.

2 데이터 라벨링 : 수집된 영상 데이터에 사람이 수작업으로 분석하고 라벨링하는 작업. 라벨링된 데이터를 축적하고 나면 AI 모델이 스스로 객체를 인식하고 분류할 수 있게 됩니다.

3 테슬라의 데이터 활용 : 테슬라 차량은 매순간 도로 환경을 캡처하며 방대한 주행 데이터를 생산하며, 2020년 기준으로 테슬라가 수집한 주행 데이터는 30억 마일(48억 km)에 달합니다.

4 데이터 합성(Data Synthesis) : 수집된 데이터를 변형하고 합성해서 새로운 데이터를 만들어내는 기법으로, 비용과 시간 측면에서 매우 효율적입니다.

5 자율주행의 정책적·사회적 합의 필요성 : 자율주행 기술이 상용화되려면 기술적 완성도 외에도 안전, 윤리, 법적 책임 등에 관한 사회적 합의가 필요합니다.

03

AI, 게임에서
게임체인저가 된다

게임 산업에서는 개발과 운영 전반에 걸쳐 AI 기술을 적극 도입하는 추세입니다.

게임 개발 단계에서는 자동화 테스트, 이미지 품질 향상 등에 AI가 사용됩니다. 아티스트가 대략적으로 그린 스케치를 AI가 자동으로 채색하고 고해상도로 변환하는 식입니다. 또한 게임 내 등장하는 수많은 텍스트도 AI가 자동 생성해줍니다. 실제로 스팀*에 출시되는 신규 게임의 70% 정도가 AI 기술을 활용해 제작되었다고 합니다. 과거에는 대규모 인력이 투입되어야 가능했던 게임을, 이제는 소수의 개발자가 AI 도구를 활용해 단기간에 만들어낼 수 있게 된 겁니다.

---

*   Steam. 밸브 코퍼레이션에서 개발한 게임 관리 멀티플레이어 플랫폼

서비스 운영 측면에서도 AI는 다방면으로 쓰입니다. 게임 내 아이템 추천, 이벤트 및 프로모션 타게팅 등이 대표적인 사례입니다. 유저들의 행동 데이터를 분석해 개인화된 게임 경험을 제공합니다. 불법 프로그램 사용자나 악성 채팅을 탐지하고 필터링하는 데도 활용합니다.

이처럼 AI는 게임 제작에 있어 필수가 되어가고 있습니다. 문제는 도입이 결코 쉽지 않다는 점입니다. 모델 개발과 인프라 구축에 막대한 비용이 소요될 뿐만 아니라, 전문 인력도 부족한 상황이죠. 국내 게임사 가운데 넥슨, 엔씨소프트, 넷마블 등 상위 기업들은 AI 조직을 갖추고 연구 개발을 활발히 진행 중이지만, 중소 게임사들은 아직 투자할 여력이 부족한 현실입니다.

다행스럽게도 구글, 아마존 등 대형 클라우드 기업들이 AI API와 플랫폼 서비스를 제공하고 있습니다. 추천 기능인 아마존 퍼스널라이즈나 이미지 인식 기능인 구글 비전 AI*가 대표적인데요, 이 서비스를 사용하면 개발사들은 자체적으로 모델을 만들 필요 없이, 클라우드 기반의 AI 서비스를 손쉽게 활용할 수 있습니다. 물론 외부 서비스에 의존하면 비용 부담도 크고, 원하는 기능을 제공하지 않는 경우도 있으니, 초기에 사용하다가 장기적으로는 자체 역량을 갖춰야 할 겁니다.

게임 업계에서는 AI로 가상 환경을 만들어 사용하는 반면, 현실 시뮬레이션 환경으로 활용하는 분야도 있습니다. 예를 들어 로봇을 학습시키는

---

*   Vision AI

상황을 생각하겠습니다. 다양한 환경에서도 원활하게 임무를 수행하는 로봇을 만들려면 눈이 내리거나 길거리에 쓰레기와 사람이 많은 상황에서 로봇을 학습시켜야 합니다. 이런 환경을 실세계에서 체험시키려면, 항상 눈비가 오는 것도 아니고, 때와 장소를 이동해가며 학습해야 하는 불편함이 있습니다. 그래서 로봇 학습은 시뮬레이션 환경이 매우 중요합니다. 때와 장소에 구애받지 않을 뿐더러, 실제 세상과 달리 시뮬레이션에서는 시간 속도를 조절할 수 있어 더 빠르게 학습할 수 있기 때문입니다. 비와 바람, 차와 물건의 움직임을 10배속으로 돌리면 이론적으로 학습도 10배 빨라지는 겁니다. 그래서 요즘 로봇들은 넘어지지 않도록 훈련받는데, 예전에는 3년 걸리던 것이 이제는 3달이면 가능합니다.

리마인드 노트

1 게임 개발에서 AI 활용 : AI는 게임 개발 과정에서 자동화 테스트, 이미지 품질 향상, 자동 채색 및 텍스트 생성 등 다양한 작업에 사용되며, 소수의 개발자가 단기간에 게임을 제작할 수 있게 합니다.

2 게임 운영에서 AI 활용 : AI는 게임 내 아이템 추천, 이벤트 타기팅, 불법 프로그램 사용자 탐지 등 게임 운영 측면에서도 중요한 역할을 하고 있습니다. 또한 유저 행동 데이터를 분석해 개인화된 게임 경험을 제공합니다.

3 클라우드 기반 AI 서비스 : 아마존 퍼스널라이즈나 구글 비전 AI 같은 AI API와 플랫폼 서비스는 AI 도입의 진입 장벽을 낮춰 서비스 개발사나 게임 개발사들이 손쉽게 AI 기능을 구현할 수 있도록 돕습니다.

4 가상 환경 시뮬레이션 : AI는 로봇 학습 등 다양한 분야에서 시뮬레이션 환경을 활용해 학습 속도를 크게 향상시킵니다. 실제 환경의 한계를 극복하는 중요한 방법으로 자리잡고 있습니다.

당근, 몇백 명으로
몇만 명을 대적하다

지금까지 여러 글로벌 사례를 살펴봤습니다. '그래서 우리나라에서 누가 뭘 쓰고 있는 거야?' 생각이 들 겁니다. 통신, 게임, 쇼핑몰, 채팅 등 안 쓰는 곳이 없을 정도로 다 쓰고 있다고 말씀드리고 싶습니다. 그중에서도 이번에는 제한된 자원으로 더 많은 가치를 창출하는 강력한 도구로 AI를 활용하는 당근 사례를 들겠습니다.

이베이 직원은 12,300명 정도인 반면, 당근은 몇백 수준입니다. 당근은 미국의 유사 서비스인 이베이와 비교했을 때 훨씬 적은 인원으로 운영됩니다. 이는 머신러닝 기술을 활용해 인력 소요를 최소화했기 때문입니다. 예를 들어 사용자들이 중고 물품을 올릴 때 실수로 잘못된 카테고리를 선택하거나 상품명과 맞지 않는 사진을 첨부하는 경우가 있습니다. 이런 상황을 일일이 사람이 모니터링하고 수정하는 것은 비효율적입니다.

당근은 처음에는 자체적으로 이미지 분류 모델을 만들어 사용했지만, 이후 구글 비전 AI로 전환했습니다. 상품 사진이 업로드되면 비전 AI가 이미지를 분석하고, 상품명이나 카테고리와 일치하지 않을 경우 사용자에게 알림을 보내는 기능을 제공한 덕분에 플랫폼 신뢰도를 높이면서도 운영 비용을 크게 절감할 수 있었습니다.

또한 추천 시스템에도 AI를 사용했습니다. 쿠팡과 같은 이커머스 플랫폼과 달리, 키워드가 통일되지 않은 중고 거래 플랫폼 당근에서는 추천 시스템의 영향력이 더 큽니다. 5,000만 명에 달하는 사용자에게 수많은 중고 물품을 일일이 노출하는 것은 비효율적입니다. 개별 관심사에 맞는 상품을 추천하는 것이 매출 증대에 도움이 됩니다.

간단히 말해 사용자 A가 구매한 상품 X, Y, Z와 유사한 구매 이력을 가진 사용자 B에게 상품 Z를 추천하는 방식입니다. 물론 실제 추천 시스템은 이보다 훨씬 복잡합니다. 상품 가격, 재고 상황, 배송 조건 등 다양한 요소를 고려해야 합니다. 수백만 사용자와 수백만 상품 간 상호작용 데이터를 바탕으로 개인화된 추천을 실시간으로 제공하는 것은 결코 쉬운 일이 아닙니다.

여기서 중요한 것은 AI 모델의 학습에 사용되는 데이터입니다. 사용자 프로필, 상품 메타데이터*와 같은 정적인 데이터도 중요하지만 실제 사용자 행동 데이터야말로 추천 시스템의 핵심 자산입니다. 어떤 사용자가 어

---

*   metadat. 데이터의 속성, 구조, 설명을 포함한 정보로, 다른 데이터를 설명하고 관리하는 데 사용됩니다.

떤 상품을 클릭하고 구매했는지, 얼마나 오래 머물렀는지 같은 데이터를 지속적으로 수집하고 분석해야 정교한 추천 모델을 만들 수 있습니다. 여기서 중요한 것은 사용자와 물건 사이의 상호작용, 즉 행동 데이터를 모으는 겁니다. 이 데이터는 사용자와 물건에 대한 정보이고, 그 행동이 정답이 됩니다.

쇼핑몰의 추천도 사실상 내부는 복잡한데, 당근의 추천은 근처 지역의 물건들을 보여주어야 하기 때문에 더 복잡합니다. 사용자들이 관심가질 만한 물건을 주로 보여주면서, 그외 물건들도 보여주어야 하며, 모든 물건이 사용자가 있는 지역이어야 합니다. 머신러닝 도움이 없이는 개발하기는 힘든 서비스입니다.

당근에서는 사용자 간 채팅 기능도 중요한 데이터 소스가 됩니다. 중고 거래의 특성상 판매자와 구매자 간 실시간 소통이 빈번하게 이루어지기 때문입니다. 문제는 익명의 사용자 사이에서 욕설과 같은 부적절한 언어 사용이 발생할 수 있다는 겁니다. 당근은 이를 방지하고자 AI 욕설 탐지 시스템을 운영 중입니다. 그런데 욕설의 기준과 패턴은 시대에 따라 계속 변화합니다. 너드nerd라는 단어가 과거에는 부정적인 의미로 사용되었지만 지금은 오히려 긍정적인 뉘앙스를 담고 있습니다. 따라서 욕설 탐지 모델도 환경 변화에 맞춰 지속적으로 업데이트해야 합니다. 사용자가 특정 채팅 내용을 부적절하다고 신고하면, 이를 학습 데이터로 반영해 모델을 개선해나가는 겁니다.

채팅뿐만 아니라 금지 물품이나 사기 물품 등 여러 위험 요소가 있습니다. 이 역시 머신러닝을 이용해서 판별을 할 수 있습니다. 운영정책을 세우는 팀, 운영정책을 지원할 수 있도록 개발하는 팀, 그리고 운영정책에 따라 머신러닝이 일차로 검사해둔 채팅이나 물건들을 실제 검사하고 운영하는 팀까지 조직을 AI 기반으로 셋업해서 적은 인원으로 당근 서비스를 유연하게 운영하고 있는 겁니다.

이처럼 AI는 단순히 좋은 알고리즘을 개발하는 것에 그치지 않습니다. 서비스 환경 속에서 데이터를 지속적으로 수집, 분석, 활용하고 변화에 적응해나가는 일련의 과정이 더욱 중요합니다. 당근 사례는 AI 프로젝트의 성공에 도메인에 대한 이해와 데이터 기반의 문제 해결 능력이 얼마나 중요한지를 여실히 보여줍니다. 이런 역량을 갖추려면 무엇보다도 현실 세계의 데이터를 직접 다뤄보고 실험하는 자세가 필요합니다.

◌ 리마인드 노트

1 구글 비전 AI : 이미지를 분석해 객체 인식, 텍스트 추출, 얼굴 인식 등의 다양한 기능을 제공하는 머신러닝 기반 API입니다.

2 AI 기반 욕설 탐지 : 채팅에서의 부적절한 언어 사용을 탐지하는 시스템으로, 환경 변화에 맞춰 지속적으로 모델 업데이트가 필요합니다.

3 금지 물품 탐지 : 금지 물품이나 사기 물품을 판별하며 운영정책에 맞춰 AI와 인간의 협력을 통해 제공되는 서비스입니다.

AI 시대의
챗GPT 출정식

구글, 페이스북과 같은 빅테크 기업들은 머신러닝 기술을 기반으로 광고 매출을 끌어올렸고, 이는 곧 기업 성장의 원동력이 되었죠. 실생활에서 주로 쇼핑몰 추천 서비스, 이미지 분류 서비스 등이 주류였다면, 챗GPT 등장 이후로 생성형 AI 기술이 더 전면에 나선 모양새입니다.

최근에는 생성형 AI를 사용한 GPT-4o, DALL-E, 미드저니 등 자연어와 이미지를 자유자재로 생성하는 모델들이 연이어 등장하면서, 콘텐츠 제작부터 소프트웨어 개발까지 다양한 영역에서 활용 가능성이 제기되고 있습니다. 마이크로소프트는 오픈AI의 GPT 모델을 활용해 '깃허브 코파일럿', '마이크로소프트 365용 코파일럿' 등 업무 지원 도구를 잇달아 선보이고 있습니다.

일각에서는 AI 에이전트, 즉 사람의 명령을 이해하고 실행에 옮기는 지능형 어시스턴트의 등장을 예견하기도 합니다. 애플 시리, 아마존 알렉사와 같은 음성 비서가 그 시초라고 할 수 있습니다. AI의 자연어 이해 능력이 고도화되고 복잡한 업무 수행이 가능해지면서, AI 에이전트는 더욱 강력한 형태로 진화할 겁니다. 넷플릭스는 일찍이 생성형 AI 기반의 트레일러 제작 기술을 도입했고,* 메타는 AI 기반 오디오 생성 모델 오디오크래프트를 오픈소스로 공개했습니다. 기업들은 생성형 AI가 가져올 파괴적 혁신에 주목할 필요가 있습니다. 단순히 인력 대체 효과뿐만 아니라, 창작자들의 역량을 증폭시키고 새로운 형태의 콘텐츠를 만들어낼 잠재력에 주목해야 합니다. 동시에 저작권, 편향성, 악용 가능성 등 부정적 영향에 대해서도 선제적으로 고민하고 대책을 마련해야 합니다.

---

* 〈Coming soon to Netflix: Movie trailers crafted by AI〉, CBS 2019

01

GPT,
광속 발전 시동을 걸다

　생성형 AI의 핵심 기술로 각광받는 대규모 언어 모델 LLM 중 가장 주목받는 모델은 GPT입니다. GPT^{Generative Pre-trained Transformer}는 AI 연구 기업 오픈AI에서 개발한 모델로, 그 이름에서도 알 수 있듯 트랜스포머 구조를 기반으로 사전학습된 생성 모델입니다.

　GPT의 핵심은 방대한 양의 텍스트 데이터로 사전학습을 거친다는 점입니다. 인터넷에 존재하는 수억, 수십억 문장을 학습 데이터로 사용해 언어의 패턴과 맥락을 파악한 GPT 모델은 문장 생성, 질의응답, 요약 등 다양한 자연어 처리 업무에서 인간에 준하는 성능을 보여줍니다.

　GPT 모델은 한 번 학습이 완료되면 추가적인 학습 없이 고정된 상태로 유지됩니다. GPT 모델을 최신 정보로 업데이트하려면 새로운 데이터를 추가해 재학습시켜야 합니다. 예를 들어 GPT-4o는 2023년 10월 시점 인터넷 데이터로 학습된 모델이므로 이후의 데이터에 대해서는 알지 못하며, 새로운 버전이 나오기 전까지는 이전 모델의 지식이 업데이트되지 않습니다. 이는 실시간 데이터를 반영해 지속적으로 다시 학습하는 머신러닝 추천 시스템 등과는 다른 특성입니다.

GPT는 우리가 글을 쓰고, 코드를 만들고, 지식을 검색하는 방식을 근본적으로 바꾸고 있습니다. 마이크로소프트의 깃허브 코파일럿은 GPT를 활용해 개발자의 코드 작성을 보조하고 있으며, 구글의 구글 워크플레이스용 제미나이는 지메일이나 구글 닥스 등 모든 구글 서비스에 탑재되어 문서 작성, 문서 요약, 문서 검색 등의 기능을 제공하고 있습니다. 추가로, 의료, 법률, 금융 등 전문 분야에서도 활용 가능성이 활발히 모색되고 있습니다.

GPT 기술은 이제 막 시작 단계에 불과합니다. 모델의 규모가 커지고 학습 데이터가 풍부해질수록 성능은 계속해서 향상될 겁니다. 이미 언어를 넘어 이미지, 음성 등 다양한 분야로 확장되었습니다. 예를 들어 구글은 텍스트를 음악으로 변환하는 시스템 MusicLM*을 발표했고, 오픈AI는 텍스트 프롬프트로 이미지를 생성하는 DALL-E를 발표했습니다.

상상력의 한계를 뛰어넘는 AI 모델들이 연이어 등장하면서, 사람들은 창작의 본질에 대해 다시금 고민하게 되었습니다. 예술, 저널리즘, 교육 등 다양한 분야에서 어떻게 활용할 것인지, 그로 인해 파생되는 사회적,

---

*   https://musiclm.com/

윤리적 문제는 어떻게 해결할 것인지에 대한 논의가 활발히 이루어지고 있습니다. 단순히 기술적 도약을 넘어, 우리 삶의 근본적인 질문을 던지고 있는 것 같네요.

⌒ 리마인드 노트

1 GPT(Generative Pre-training Transformer) : 오픈AI에서 개발한 대규모 언어 모델로, 트랜스포머 구조를 기반으로 방대한 텍스트 데이터를 사전학습하여 자연어 처리 업무에서 높은 성능을 보여줍니다.

2 GPT의 영향력 : GPT 모델은 글쓰기, 코드 작성, 지식 검색 등 다양한 분야에서 인간의 작업 방식을 근본적으로 바꾸고 있으며, 복잡한 문제 해결, 창의적 아이디어 생성, 자동화된 고객 지원 등에서도 중요한 역할을 하고 있습니다.

3 LLM 기술의 확장성 : LLM 기술은 텍스트뿐만 아니라 이미지, 음성 등 다양한 분야로 확장되고 있으며, 구글의 MusicLM과 오픈AI의 DALL-E 가 대표적인 사례입니다.

4 LLM의 한계 : LLM 기술은 여전히 사실성, 일관성, 편향성, 윤리성 등의 문제를 가지고 있지만, 자연어 처리 분야의 패러다임을 근본적으로 바꿔놓았다는 점에서 중요한 혁신으로 평가받고 있습니다.

02
챗GPT & GPT API
알아보기

챗GPT를 활용하는 방법은 두 가지입니다. 첫 번째는 챗GPT를 모바일 앱, 데스크톱 앱, 웹에서 직접 사용하는 겁니다. 프롬프트와 결과를 이어가면서 작업을 할 수 있고, 추가 외부 데이터는 복사해서 붙이거나 첨부 파일 또는 URL 등으로 제공할 수도 있습니다. 굉장히 좋은 개인비서, 업무비서라고 할 수 있겠지요.

예를 들어 회사 업무를 보다가 새로 발견한 영문 웹페이지 내용을 한국어로 요약을 한다거나, 긴 이메일 스레드를 받았는데 언제까지 무슨 일을 마무리해야 하는지 확인한다든가, 스프레드시트 파일을 주면서 내용을 분석시킨다든가 하는 등의 일을 시킬 수 있습니다. 사람에게 일을 시키듯이 최대한 쪼개서 하나하나 이어서 요청하면 원하는 결과를 만들어낼 수 있습니다.

하지만 큰 규모의 업무에 본격적으로 활용할 때 매번 같은 프롬프트를 넣고, 데이터를 연결하는 일은 굉장히 번잡합니다. 예를 들어 주기적으로 마케팅 행사를 진행하는데, 참가 신청서에 '행사에서 기대하는 내용'이 있고, 이것을 요약 정리해서 확인하고 싶다면, 챗GPT보다는 GPT API를 활용하는 것이 더욱 편리합니다. API란 우리가 사용하는 서비스나 앱들이 호출해서 사용하는 기능입니다. API를 사용하면 우리가 사용하는 서비스나 앱들이 챗GPT의 엔진인 GPT를 호출해서 일을 처리하게 됩니다.

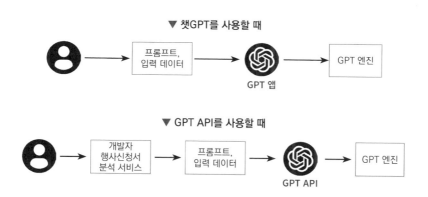

챗GPT를 활용해서 업무를 진행하다 보면 자주 쓰는 프롬프트가 생기게 마련입니다. 동료들도 자주 쓰는 프롬프트라면 공유해서 함께 사용할 수도 있겠지요. 회사 데이터를 챗GPT에 넣어서 사용하는데 매번 데이터를 복붙하면 번거롭습니다. 이때 회사 내부 개발팀이 회사 데이터를 챗GPT와 연동되게 개발해주면 훨씬 편리해질 겁니다.

이렇게 챗GPT 활용이 점점 커지다 보면, 아예 회사 내부용 서비스로 만드는 것이 더 나은 상황까지 올 것이고 이때 '마케팅 행사 신청서 분석 서비스' 같은 간단한 웹 서비스를 만들어서 행사 날짜만 선택하면 '마케팅 행사 신청서 분석 서비스' 웹 서비스 뒷단에서 준비된 프롬프트와 데이터를 활용해 GPT API를 실행한 결과를 받아와서 보여줄 수 있습니다. 챗GPT가 똑똑한 신입사원 개념이라면, GPT API는 회사 데이터를 알고 있는 무척 똑똑한 동료 개념이라고 볼 수 있습니다.

물론, GPT API가 사내 서비스를 개발에만 적합한 것은 아닙니다. 다양한 업무용 도구들과 서비스들이 GPT API를 활용하고 있습니다. 이메일 서비스에는 '요약·분류·자동 답장 작성' 같은 기능들이, 업무용 SNS라고 할 수 있는 링크드인에는 자동으로 포스팅 써주기 기능이 들어 있습니다. 세계 최대 채팅앱 왓츠앱*은 그룹 채팅 안에서 주고받은 대화를 요약하는 기능을 제공합니다. LG전자는 고객 지원 통화 내역을 텍스트로 바꾸고, 내용을 분석해서 최근에 가장 문제가 많이 발생한 전자제품을 자동으로 파악합니다.

GPT API를 활용해서 업무를 처리하는 방식은 LG전자 가전사업본부에서 데이터 분석용으로 자제 개발한 찾다CHATDA 서비스 같은 '맞춤형 코파일럿Custom Copilot'과 마이크로 365용 코파일럿이나 구글 워크플레이스용 제미나이 등 모든 회사 업무 처리용으로 만들어진 '상용 앱 코파일럿App Copilot' 두 가지 형태가 있습니다. 맞춤형 코파일럿과 상용 앱 코파일럿에

---

*   Whatsapp

대한 자세한 내용은 뒤에서 더 다루도록 하겠습니다.

GPT API를 사용하면 뒷단에서 직원 수천 명이 일을 해주는 효과가 납니다. 수천 직원에 어떤 일을 시키고 싶은가요? 챗GPT 시대에 상상력만이 우리의 한계입니다.

⌒ 리마인드 노트

1 GPT API 활용 : 큰 규모의 업무나 반복적인 작업에 GPT API를 사용해 자동화된 작업을 수행할 수 있습니다.

2 프롬프트 자동화 : 자주 사용하는 프롬프트를 자동화하거나 공유하여 반복 작업을 쉽게 처리할 수 있습니다. 내부 데이터를 GPT와 연동하면 효율성을 높일 수 있습니다.

3 맞춤형 코파일럿(Custom Copilot) : GPT API를 사용해 회사 내부용 서비스를 개발하여, 특정 업무에 맞춰 자동으로 데이터를 처리하고 분석하는 시스템을 구축할 수 있습니다.

4 상용 앱 코파일럿(App Copilot) : 마이크로 365용 코파일럿이나 구글 워크플레이스용 제미나이 등은 업무 보조 도구입니다.

03

LLM을 더 똑똑하게 만드는
파인튜닝

우리가 살아가며 접하는 대화와 텍스트에서 단어와 문장의 쓰임을 익히듯이, LLM도 방대한 텍스트 데이터에서 언어의 패턴과 규칙을 습득합니다. 다만 한계는 있습니다. 첫 번째는 디지털 세상에 있는 텍스트가 투영한 세상은, 실세상에 비해 해상도가 낮다는 사실입니다. 게다가 AI는 직접 체험하지 못합니다. 음식이 '짜다'를 어떻게 이해할 수 있을까요? 두 번째는 인터넷에 공개된 오류와 거짓까지 학습한 결과에서 오는 문제들입니다. 때로 부정확하거나 비윤리적인 발언을 할 수 있습니다.

잘못된 발언의 원인이 잘못된 데이터에만 있는 것은 아닙니다. 언어 모델은 본질적으로 확률 기반 시스템입니다. 주어진 문장에 대해 다음에 올 단어나 문장을 확률적으로 예측하게 됩니다. 이 과정에서 때로 사실과 다른 말을 하기도 합니다. 이 문제를 환각현상이라고 부릅니다. 가령 "세종대왕은 1941년에 태어났는데, 언제 돌아가셨어?"라고 물으면, "1997년입니다."와 같은 엉뚱한 대답을 할 수 있습니다. 단순히 질문의 맥락에 가장 적합해보이는 답변을 만들어냈을 뿐, 역사적 사실에 대한 이해가 결여되어 있기 때문입니다.

AI 모델을 학습시킬 때, 학습 데이터양과 질이 매우 중요합니다. 예를 들어 세종대왕에 대한 정보가 전체 데이터에서 극히 일부분만 차지한다면, 모델은 세종대왕에 대한 질문에 정확히 답하기 어려울 겁니다. 모델이 특정 주제에 대해 올바른 답변을 하려면, 해당 주제에 대한 충분한 데이터가 필요합니다.

이런 한계를 극복하기 위해 연구자들은 일반적인 언어 모델* 외에도 특정 분야에 특화된 언어 모델**을 개발하고 있습니다. 의료, 법률, 교육 등 전문 분야의 데이터를 추가로 학습시킴으로써 더 정확하고 신뢰할 만한 답변을 얻고자 하는 이런 노력을 파인튜닝***이라고 부릅니다. 개발 현장에서는 파인튜닝이라는 음차로 주로 쓰지만, 어려운 전문용어이므로 이제부터는 우리말 '미세조정'으로 부르겠습니다.

미세조정을 글자 그대로 해석하면 미세하게 조정해서 맞춘다라는 뜻이며, LLM이 사전학습한 데이터를 기반으로 답변을 미세하게 조정해서 우리가 원하는 다른 답변이 나오도록 유도하는 작업입니다. 미세조정을 할 때 주의할 점이 있습니다. 특정 도메인의 데이터 비중이 지나치게 높지

---

*   General Language Model

**   Domain-Specific Language Model

***   Fine-tuning. 미세조정

않아야 합니다. 그러면 모델의 일반성이 떨어질 수 있습니다. 마이크로소 프트의 연구*에 따르면 미세조정 데이터양이 전체 데이터의 1~5% 정도 일 때 최적의 성능 향상을 보인다고 합니다. 도메인 특화성과 일반성 간 의 적절한 균형을 찾는 것이 중요한 이유입니다.

정리를 하면 LLM은 더 개선된 알고리즘과 데이터로 무장한 차세대 GPT 를 사용하거나, 또는 특정 분야의 데이터로 미세조정하여 강화할 수 있습 니다. 하지만 둘 다 개발자의 영역이므로 프로그래머가 아니라면 프롬프 트 엔지니어링이 답입니다.

리마인드 노트

1 디지털 데이터의 한계 : LLM은 디지털 세상에 있는 텍스트를 기반으로 학습합니다. 따라서 현실 세계의 모든 맥락과 뉘앙스를 완벽히 이해하 지 못하며, 잘못된 정보로 인해 부정확한 답변을 할 수 있습니다.

2 파인튜닝, 미세조정(Fine-tuning) : 일반적인 언어 모델에 특정 도메 인의 데이터를 추가 학습시켜 더 정확하고 신뢰할 만한 답변을 제공하 는 과정입니다. 도메인 특화성과 일반성 간의 균형이 중요합니다.

3 LLM의 성능 개선 : 더 나은 알고리즘과 데이터로 개발된 새로운 GPT 버전을 사용하거나, 특정 분야에 맞춰 미세조정을 수행해 LLM의 성능 을 강화할 수 있습니다.

---

*   Raffel, Colin, et al. 〈Exploring the limits of transfer learning with a unified text-to-text transformer〉 J. Mach. Learn. Res. 21.140(2020)

04

챗GPT 코워킹
시도하기

이제부터 실제 제품을 개발한다고 가정하고 회사 업무에 챗GPT를 어떻게 활용할 수 있는지를 살펴보겠습니다. 시장 조사, 설문 조사, 제품 기획, 개발, 프로젝트 관리, 마케팅, 데이터 분석까지 120% 활용하는 아이디어를 얻는 시간이 되길 빕니다.

제품 개발 전에 시장 조사부터 해야 합니다. 시장 상황이 어떤지, 어떤 경쟁자가 있는지 인터넷 검색으로도 확인할 수 있지만, 챗GPT와 같이 하면 훨씬 더 효율적이고, 자료 정리도 수월합니다. 다만, 데이터가 정확한지는 반드시 확인해야 합니다. 요청할 때 근거 웹페이지를 꼭 제시해달라고 하고, 해당 웹페이지를 확인하면 됩니다. 다른 프롬프트에 해당 근거 자료 웹페이지를 제공해 요약해달라고 요청하면 손쉽게 확인할 수 있습니다.

실제 사용자들에게 설문할 항목을 만들어달라고 챗GPT에게 요청할 수 있습니다. 기존 설문 항목을 제시하면서 우리 프로젝트에 맞게 수정해달라고 하거나, 기존 설문 조사 내용을 분석해달라고 요청해도 좋습니다. 특히 객관식에서 분석에는 정말 유용합니다. 자연어 처리는 웬만한 사람보다 훨씬 더 잘한다는 점을 항상 기억하세요.

이제 실제 제품을 기획할 차례입니다. 챗GPT는 아이디어 도출에도 유용합니다. 경쟁제품의 기능 설명을 요청하거나, 현재 우리 제품에 어떤 기능이 더 있으면 좋을지 의견을 구할 수도 있습니다. 챗GPT를 유료 구독 중이라면 이미지를 제공해 아이콘 모양에 대해서 이야기를 나누어볼 수도 있습니다. 물론 기대에 못 미치는 답변이 나올 수도 있습니다만, 그런 엉뚱한 답변이 더 나은 아이디어를 낳는 발판이 되어줄 겁니다.

프로그래밍 세계에 '고무 오리 디버깅'이라는 용어가 있습니다. 디버깅은 프로그램의 오류를 찾아 해결하는 과정입니다. 집중력이 필요하고 힘든 일이죠. 디버깅을 다른 개발자와 함께 진행하면 보통 훨씬 빠르게 디버깅에 성공하게 됩니다, 둘이서 할 때 상상력이 훨씬 풍부해지니까요. 이런 맥락에서 노랗고 조그만 고무 오리를 모니터 옆에 두고, 오리에 말을 걸면서 디버깅을 하는 개발 문화가 있습니다. 머릿속 생각을 말로 하면서 논리적으로 정리를 하면 둘이 대화하는 효과가 나기 때문입니다.

마찬가지 챗GPT를 직장 동료라고 생각하고 대화를 나눠보세요. 그러면 문제를 객관화하고 더 체계적으로 정리해볼 수 있습니다. 챗GPT에게 업무를 설명하려면 스스로 정리를 해야 합니다. 쓸모 있는 의견을 들으려면 질문이 그만큼 좋아야 하기 때문입니다. 그후 챗GPT의 답변을 보면서 판단을 하게 되죠. '유용하다, 아니다.'

제품 기획이나 화면 기획을 마쳤다면 실제 개발을 해야겠지요. 개발자라면 깃허브 코파일럿 같은 AI 어시스턴스를 사용해 빠르게 개발을 진행하게 됩니다. PM이라면 지메일이나 MS 아웃룩에 있는 AI 기능을 활용해서 프로젝트 관리를 더욱 편하게 할 겁니다. 그외 프로젝트 관리 도구들도 AI 기능 탑재를 서두르고 있으니, 조만간 대부분 업무용 솔루션에서 AI 기능을 사용하게 될 겁니다.

완성한 제품을 출시하려면 마케팅 문구나 마케팅 이미지가 필요합니다. 이 역시 챗GPT로 만들어낼 수 있습니다. 그리고 출시 후 고객이 남긴 데이터 분석 역시 챗GPT에게 시키면 됩니다.

지금까지 언급한 내용은 상상속 시나리오가 아닙니다. 현실입니다. 챗GPT 보이스 기능을 잘 활용하면 대화로만 이 모든 것을 할 수도 있습니다. 몇 년 후에는 사람끼리 대화보다 챗GPT와 대화를 선호할 것 같아서 무섭기는 하지만, 그래도 미리 시도해보고 적응하고 잘 활용하는 것이 더 나은 선택일 겁니다. 챗GPT는 아이디어와의 싸움입니다. 뭐라도 챗GPT에 물어보고 답변을 얻는 습관을 기르기 바랍니다.

리마인드 노트

1 챗GPT의 활용 : 회사 데이터를 제공해 시장 조사와 데이터 검증, 아이디어 회의와 기획, 개발과 프로젝트 관리, 마케팅과 데이터 분석 같은 업무에 활용할 수 있습니다.

2 시장 조사와 데이터 검증 : 챗GPT를 활용해 시장 조사를 수행하고, 근거 자료를 요청하여 데이터를 검증하며, 설문 항목 작성과 기존 조사 내용을 분석하는 데 유용합니다.

3 아이디어 회의와 기획 : 챗GPT는 아이디어 회의에서 경쟁 제품 분석과 새로운 기능 제안을 통해 제품 기획에 도움을 줄 수 있으며, 유료 구독 시 이미지를 제공해 시각적인 피드백도 받을 수 있습니다.

4 개발과 프로젝트 관리 : 개발자는 깃허브 코파일럿 등 AI 어시스턴스를 활용해 개발을 빠르게, PM은 지메일이나 MS 아웃룩의 AI 기능을 활용해 프로젝트 관리를 효율적으로 할 수 있습니다.

5 마케팅과 데이터 분석 : 챗GPT는 마케팅 문구 작성, 이미지 생성, 고객 데이터 분석 등 제품 출시 관련 작업에서도 유용하게 활용됩니다.

환각현상
제어하기

실제로 존재하지 않은 정보를 만들어내는 챗GPT의 환각현상을 사용자가 제어할 수 있어야 합니다.

환각현상은 첫째, 챗GPT가 학습하지 않은 정보를 요청할 때 발생할 수 있습니다. 현재 챗GPT가 사용하는 GPT-4o 모델은 2023년 10월까지의 인터넷 데이터로 학습을 했습니다. 따라서 그 이후의 일에 대해서는 환각현상이 일어날 수 있습니다. 예를 들어 2028 LA 올림픽의 나라별 순위를 물어보면 잘못된 정보를 줄 가능성이 높습니다.

이 문제는 오픈AI 측도 개선 노력을 하고 있습니다. 일례로 빙으로 검색한 결과를 알려주는 기능이 추가되었죠. 예를 들어 "2024년 파리 올림픽에서 한국은 메달을 몇 개 획득했나요?"라는 질문하면 빙으로 검색해서 결과를 보여줍니다. 다만, 챗GPT가 알아서 인터넷 검색을 하지 않을 수 있으니 귀찮지만 "인터넷 검색을 해서 질문에 답변해줘"라고 명확히 지시하는 것이 좋습니다. 정확한 정보가 있는 웹페이지를 제공해주어도 좋습니다. "해당 페이지에서 메달을 딴 아시아 국가를 모두 알려줘"처럼 질문하면 정확한 답변을 얻게 될 확률이 높습니다. 또는 특정 웹페이지를 주면서 요약을 지시할 수도 있습니다. 다만 특정 URL을 제공하는 방법이 만능은 아닙니다. 경우에 따라 해당 페이지에 접근하지 못하거나 정보를 제대로 해독하지 못할 수도 있으므로, 직접 데이터를 넣어주는 방식이 가장 확실합니다.

두 번째, 챗GPT에게 처음부터 잘못된 프롬프트를 줄 때입니다. 앞서 언급한 "세종대왕은 1941년에 태어났는데, 언제 돌아가셨어요?"가 좋은 예가 될 겁니다. 항상 정확하게 충분한 데이터를 프롬프트에 제공해야 더 정확한 결과를 기대할 수 있습니다.

그밖에 챗GPT가 돌려준 결과물을 점검하는 방법도 있습니다. 결과물이 많을 때는 이 마저 불가능해 보이지만, 재밌는 것은 결과물 점검을 챗GPT(GPT API)를 통해서 할 수 있다는 점입니다. 예를 들어 GPT API를 백번 호출해서 이메일 100통을 요약했다고 합시다. 제대로 요약했는지 확인해달라고 다시 요청하는 거죠.

사실 GPT API로 대용량 데이터를 처리하다 만나게 되는 가장 큰 문제는 품질 유지가 어렵다는 점입니다. 입력 데이터가 들쑥날쑥 하다 보니 결과물 품질이 일정하지 않게 됩니다. 이때 앞서 언급한 환각현상 해결 방안을 활용하면 도움이 될 겁니다. 예외상황을 잘 처리하도록 프롬프트를 공들여서 작성하고, 결과물들은 결과 확인용 프롬프트에서 확인하는 겁니다.

프롬프트 엔지니어링의 시작은 쉬운데, 잘하기는 생각보다는 쉽지 않습니다. 하지만 좋은 프롬프트 하나를 만들면 유능한 직원이 생기므로 도전해볼 가치는 충분하지 않을까요?

⃝ 리마인드 노트

1 환각현상 : 챗GPT가 실제로 존재하지 않은 정보를 생성하는 현상으로, 주로 학습하지 않은 정보나 잘못된 프롬프트로 인해 발생합니다. 또한 부정확한 정보를 포함한 프롬프트는 환각현상을 유발할 수 있으므로 항상 정확하고 충분한 데이터를 제공하는 것이 중요합니다.

2 챗GPT의 학습 데이터 한계 : GPT-4o 모델은 2023년 10월까지의 데이터를 학습했습니다. 그 이후의 정보에 대해서는 환각현상이 발생할 가능성이 더 높습니다. 빙(Bing) 검색을 요청하면 최신 데이터도 검색할 수 있습니다.

3 챗GPT의 결과물 점검 : 대용량 데이터 처리 시 품질 유지가 어려울 수 있는데, 예외 상황을 처리하도록 프롬프트를 공들여 작성하고 결과물을 재검토하는 방식이 도움이 됩니다. 챗GPT가 생성한 결과물을 다시 GPT API를 통해 점검하는 방법이 있습니다.

06

향후 5년 내에
AI 코워킹 시대가 온다

LLM이 자연어를 이해할 수 있게 됨에 따라, 크게 세 가지 측면에서 진화했습니다. 첫째는 자연어를 사용해 기계에 명령을 내릴 수 있게 된 점입니다. "카톡 열어서 엄마한테 메시지 보내줘"와 같은 일상적인 표현만으로도 원하는 작업을 수행시킬 수 있게 되었습니다.

둘째는 비정형 텍스트 데이터에서 유의미한 정보를 추출해낼 수 있게 되었습니다. 방대한 분량의 문서에서 핵심 내용을 요약하거나, 특정 질의에 대한 답을 찾아내는 일이 가능해진 겁니다. 마지막으로 기계가 자연어를 생성할 수 있게 되었습니다. 주어진 주제나 키워드에 맞는 글을 작성하거나, 사용자 질의에 대한 답변을 생성해내는 식입니다.

이 중에서도 핵심은 바로 '자연어 이해' 능력이라고 할 수 있습니다. 문장 속에서 중요 정보를 식별하고 맥락을 파악하는 것, 이것이 진정한 의

미의 언어 이해이기 때문입니다. "카톡 열어서 메시지 보내줘"라는 문장에서 '카톡'이 앱의 이름이고 '메시지 보내기'가 수행해야 할 업무임을 인지해야 합니다.

자연어 이해 능력은 다양한 업무에 활용됩니다. 텍스트 요약, 정보 추출, 질의응답, 텍스트 분류, 언어 번역, 심지어 코드 생성에 이르기까지 그 응용 범위가 점차 확대되고 있습니다. 재밌는 점은 프로그래밍 코드도 사실상 언어이기 때문에 영어와 한국어를 잘 처리할 수 있듯이 파이썬 같은 프로그래밍 언어도 잘 처리합니다. 영어를 한국어로 번역해주듯이, 한국어로 특정 기능을 만들어달라고 요청하면 해당 코드를 만들어줍니다. 코드를 설명해달라고 하면 한국어로 설명해줍니다. 자연어와 자연어뿐만 아니라 자연어와 프로그래밍 언어 사이의 장벽까지도 없애준 겁니다. 덕분에 비개발자들이 더 쉽게 개발의 세계로 진입할 수 있게 되었습니다. 심지어 프롬프트 자체를 만드는 일에도 유용합니다. 실제로 LLM을 이용해서 더 효과적인 프롬프트를 만드는 방법을 활발히 연구하고 있습니다.

가장 주목할 점은 단순히 정보 처리 수단을 넘어, 인간의 인지 능력을 확장시켜준다는 사실입니다. 방대한 비정형 데이터* 속에서 통찰을 도출하고 의사결정에 활용하는 일, 이는 인간만이 할 수 있는 고차원적 사고로 여겨졌습니다. 그러나 이제 LLM의 도움으로 인간은 더욱 창의적이고 전략적인 일에 몰두할 수 있게 되었습니다.

---

* 　비정형 데이터는 고정된 구조 없이 저장된 텍스트, 이미지, 비디오 같은 데이터를 의미합니다. 이러한 데이터는 분석이 어려워 특수한 도구와 기법이 필요합니다.

LLM이 인간 수준의 언어 이해 능력을 갖추게 될 미래가 되기까지, 우리는 상상하기 힘든 변화를 연속으로 맞이하게 될 겁니다. 구글 클라우드의 AI 리드인 앤드류 무어*는 "LLM 기술의 발전으로 향후 5년 내 지식 근로자의 80%가 AI 어시스턴트와 협업하며 일하게 될 것"이라고 전망했습니다.

물론 걱정과 우려의 목소리도 있습니다. 편향성 문제, 프라이버시 침해 가능성, 일자리 대체 등 부정적 영향에 대한 논의가 더욱 활발해질 겁니다. 그럼에도 분명한 사실은 기술의 진화를 거스를 순 없다는 점입니다. 변화의 물결을 두려워하기보다는, 어떻게 준비하고 대응할 것인지 지혜를 모아야 할 때입니다. 기계가 진정으로 인간의 언어를 이해하는 시대, 과연 우리는 어떤 미래를 만들어갈 수 있을까요? 설레는 동시에 숙제가 많은 시대가 성큼 다가온 것 같습니다.

리마인드 노트

1 LLM의 언어 생성 및 처리 : LLM은 사용자 요청에 따라 주제에 맞는 글을 작성하거나, 특정 질의에 대한 답변을 생성할 수 있습니다. 자연어뿐만 아니라 프로그래밍 언어도 이해하고 생성할 수 있어, 비개발자도 쉽게 코드를 작성할 수 있도록 돕습니다.

2 LLM 기술의 전망 : 구글 클라우드의 AI 리드인 앤드류 무어의 말에 따르면 향후 5년 내 지식 근로자의 80%가 AI 어시스턴트와 협업할 겁니다.

---

*   Andrew Moore

챗GPT가 몰고온
비즈니스 변화

주식 시세 변동 원인을 찾는 일은 결코 쉽지 않습니다. 복잡한 시장 상황과 뉴스 이벤트 등 다양한 정보를 종합적으로 분석해야 하기 때문입니다. LLM을 사용하면 수많은 정보를 빠르게 수집, 정리해 인사이트를 도출할 수 있습니다. 2022년 이뤄진 연구 결과, LLM이 기업 공시 자료(연간 보고서)를 바탕으로 주가 변동을 예측할 때 최고 모델은 43%의 정확도를 달성했는데, 이는 무작위 추출보다 10%포인트 높은 수치입니다.*

향후에는 여행 계획 수립도 가능해질 겁니다. "5월 중순 베트남 여행을 계획 중인데, 싼 항공권을 찾아줘"라고 요청하면, 방대한 여행 정보를 검색하고 분석해 최적의 일정을 제안할 겁니다. 사람이라면 여러 사이트를 일일이 비교하며 많은 시간을 들이겠지만, LLM은 빠른 시간 내에 믿을 만한 결과를 도출해줄 겁니다. 아직은 비공개 서비스이지만 구글 서치 랩스**는 생성형 AI를 이용해 해당 서비스 등을 제공할 예정입니다.

이처럼 정교한 서비스가 가능하려면, 디바이스와 운영체제, 브라우저, 앱 등 전 계층에 걸친 지원이 뒷받침되어야 합니다. 예를 들어 애플의 당면과제는 LLM 친화적인 아키텍처를 구축해서 서비스 경쟁력을 높이는 겁니다. 단순히 LLM API를 활용하는 것을 넘어, 사용자 니즈에 최적화된 '온디바이스 AI' 환경을 갖춰야 합니다.

한편 B2B 영역에서는 업무 효율화와 의사결정을 지원하는 코파일럿 서

---

*   Stefan Pasch, Daniel Ehnes, 〈Can Language Models Predict Medium-Run Stock Movement?〉
**   search Labs

비스가 주를 이룰 것으로 보입니다. 코파일럿은 크게 '맞춤형 코파일럿' 과 '앱 코파일럿'이 있습니다.

맞춤형 코파일럿은 특정 기업이나 조직의 업무 환경에 맞춰 개발되는 AI 어시스턴트입니다. 범용 LLM에 해당 분야의 전문 지식을 추가 학습시 킴으로써, 사용자의 업무를 능동적으로 보조하는 역할을 수행합니다. LG 전자 가전사업본부는 방대한 가전 관련 데이터를 분석하는 LLM 기반 빅 데이터 분석 솔루션인 찾다*를 만들었습니다. 많은 직원이 찾다를 이용해 손쉽게 데이터를 활용할 수 있게 되었죠. 기존에는 데이터 분석을 하려면 데이터 담당자에게 매번 요청해야 했지만, 이제는 '찾다'에 "세탁기와 건 조기를 동시에 보유한 고객 데이터에서 세탁기 사용 완료 1시간 이내에 사용된 건조기 코스 중 가장 많이 사용된 코스 5개를 테이블로 제공해줘', "고객들이 자주 사용하는 식기세척기 코스 5개를 사용 횟수와 함께 그래 프로 그려줘'" 등과 같이 손쉽게 자연어로 요청을 할 수 있게 되었습니다.

이런 맞춤형 코파일럿은 웹 기반 애플리케이션 형태로 제공될 가능성 이 높습니다. 사용자는 친숙한 UI를 통해 손쉽게 LLM 모델과 상호작용할 수 있게 되는 겁니다.

LLM은 너무 빠르게 발전하는 기술이며, 글로벌하게 정말 많은 투자금 이 몰립니다. 하지만 실제 업무에 도움이 되고 투자 대비 이익이 나오는 지에 대한 의문도 있습니다. 구글 클라우드** 조사 결과, 74% 회사가 생

---

*   CHATDA, Chat based Data Analytics
**   Google Cloud

성형 AI에서 투자 대비 이익이 나오고 있으며, 86% 회사는 회사 매출이 6% 이상 상승했다고 합니다. 추가로 84% 회사가 6개월 안에 생성형 AI 활용 아이디어를 상품화해서 출시한다고 합니다.

LLM 도입은 단순한 기술 사용을 넘어, 사용자 경험 혁신에 방점을 두어야 비즈니스의 성장을 견인하게 됩니다. 비즈니스 현장에 부는 바람을 이제부터 살펴보겠습니다.

01

엔비디아가 지고
애플 시대가 다시 온다

　엔비디아의 영향력이 다소 줄어들 것이며, 애플의 시대가 도래할 겁니다. 아마 "뭐라고? 엔비디아는 아직 정점을 찍지도 않았다고!"라는 반문을 할 거라 믿습니다. 최근 GPT-4의 개발사인 오픈AI가 애플과 제휴를 맺었습니다. 다시 올 애플 시대는 이 제휴에서 탄생할 겁니다.

　LLM의 실용성을 높이는 방안으로 특정 도메인의 전문 지식(데이터)을 모델에 주입하는 미세조정과, 프롬프트에 도메인 지식을 포함시키는 방법을 언급한 바가 있습니다. 이때 가장 큰 걸림돌이 프라이버시 이슈입니다. 민감한 개인 정보가 포함된 데이터를 외부 서버로 전송하는 것은 법적, 윤리적으로 문제가 있기 때문입니다. 이런 우려를 해소하는 방안으로 온디바이스 AI*가 주목받고 있습니다.

클라우드 서버에서 동작하는 방식을 '클라우드 AI', 새롭게 기기 내부에서 동작하는 방식을 '온디바이스 AI'라고 하며, 둘을 섞어서 사용하는 방식을 '하이브리드 AI'라고 부릅니다. 온디바이스 AI의 파워가 아무래도 클라우드 AI보다는 떨어질 것이니, 쉬운 일은 디바이스에서 처리하고 어려운 일은 클라우드에서 처리하면 됩니다. 그런데 말처럼 이 일이 쉽지 않습니다. 무엇보다 품질을 일정하게 유지하는 일이 난제입니다. 예를 들어 비슷한 이메일을 디바이스에서, 클라우드에서 각각 처리했을 때 결과물의 품질이 다르다면 사용자는 만족하지 못할 겁니다.

애플은 이미 수년 전부터 온디바이스 AI의 기반을 다져왔습니다. M1, M2 등 애플 실리콘 칩은 CPU와 GPU 외에도 AI 연산에 특화된 뉴럴 엔진 코어를 내장하고 있습니다. 덕분에 추가하드웨어 없이도 기기 자체적으로 LLM을 구동할 수 있게 되었습니다. 애플은 곧 맥OS와 iOS용 GPT 앱을 출시할 예정이며, 기기 내 연산을 통해 프라이버시와 보안을 확보할 것으로 알려졌습니다.

최근 애플이 발표한 연구에 따르면 LLM은 단순히 화면에 표시된 컴포넌트 인식을 넘어, 마치 사람이 앱을 사용하듯 UI를 이해하고 조작할 수 있다고 합니다. 즉, 사용자가 "카톡 열어서 메시지 보내줘"라고 말하면, 카카오톡 앱의 UI를 분석해 어떤 버튼을 눌러야 할지 판단할 수 있다는

---

*   On-Device AI

말입니다. 게다가 iOS가 UI 컴포넌트에 대한 메타데이터를 LLM에 제공하면 더욱 정확한 동작이 가능해질 겁니다.

이는 기존에 iOS 개발자들이 앱의 접근성 기능을 제공할 목적으로 컴포넌트에 레이블과 속성을 부여하던 방식과 유사한데, 애플은 이런 접근성 메타데이터를 LLM 모델의 입력값으로 활용함으로써, 앱 UI에 대한 이해도를 높이고 더욱 자연스러운 상호작용을 구현할 수 있을 것으로 기대하고 있습니다.

애플은 이미 전 세계에 약 20억 대의 아이폰을 판매했습니다. 그중 절반 정도인 10억 대 기기에는 뉴럴 엔진이 탑재되어 있습니다. 이런 기기들이 LLM 기반의 AI 서비스를 제공하게 되면, 사용자들의 디바이스 사용 경험에 큰 변화가 일어날 수 있습니다. 퀄컴, 인텔 등 다른 칩메이커들도 최근 AI 연산 능력을 대폭 강화한 칩을 잇달아 선보이고 있습니다만 기존 기기에는 이런 최신 칩을 탑재하기 어렵다는 문제점이 제기됩니다. 결국 당분간 애플은 온디바이스 AI 측면에서 가장 유리한 위치를 선점할 것으로 보입니다.

애플의 온디바이스 AI 전략에는 세 가지 특징이 있습니다. 첫 번째, 전체 맥락을 이해하고 작동합니다. "어제 찍은 사진 중에 강아지와 찍은 사진들만 골라서 철수에게 메시지로 보내줘"라는 명령을 내릴 수가 있습니다. 두 번째, 모든 애플 서비스들과 잘 통합되어 있습니다. 세 번째, 그러면서도 개인정보보호를 최우선으로 합니다.

이때 온디바이스 AI만으로 성능이 부족할 수도 있으니 결국 클라우드

AI가 필요한데, 아마존이나 마이크로소프트의 클라우드 AI를 사용하지 않고, 직접 컴퓨트*라는 프라이빗 클라우드를 만들었습니다. 애플 온디바이스 AI와 클라우드 AI 환경을 조합한 하이브리드 AI를 '애플 인텔리전스'라고 부릅니다.

비슷하게는 마이크로소프트 '코파일럿+ PC'**라는 온디바이스 AI를 탑재한 윈도우 기기가 출시되었고, 온디바이스 AI인 안드로이드 '제미나이 나노'가 갤럭시 최신 기기에 탑재되었습니다. 하지만 하이브리드 AI에 대해서는 더 준비가 필요하고, 윈도우와 안드로이드 환경 사이에 AI 호환성도 부족합니다. 반면 애플은 iOS, ipadOS, macOS에서 모두 이 애플 인텔리전스를 지원하면서 AI 호환성을 극대화해, 하나의 앱이 모든 애플 환경에서 적절하게 애플 인텔리전스를 활용할 수 있는 길을 마련했습니다.

사용자 입장에서도 애플 인텔리전스는 매우 중요합니다. 애플이 온디바이스 AI를 통해서 비용, 속도, 개인정보보호 문제를 모두 해결한다면, 이런 제한 때문에 LLM을 활용하지 못하던 사람도 더 적극적으로 활용하게 됩니다. 또한 관련 서비스들도 늘게 됩니다. 예를 들어 카카오톡은 메시지가 로컬에 저장되는데, 저장된 메시지를 분석해서 오늘 꼭 답장해야

---

*   Private Cloud Compute
**   Copilot+ PC. 마이크로소프트의 AI 기능이 내장된 새로운 유형의 컴퓨터로, 고성능 AI 작업을 효율적으로 처리하는 목적으로 설계된 장치입니다. 이 컴퓨터는 실시간 언어 번역, 영상 및 음성 효과 향상, 개인화된 사용자 경험 등 AI 기반의 다양한 기능을 지원합니다. 다양한 제조사에서 출시되며, 특히 창작 작업과 생산성 향상에 최적화되어 있습니다.

할 메시지를 찾거나, 그룹채팅 방에 오고간 수많은 메시지 중 중요한 내용만 요약해 제공할 수 있게 됩니다. 또한 카카오톡 메시지에서 일정이 논의되면 자동으로 내 캘린더를 확인하고 새로운 일정을 제안하거나, 결정된 일정을 내 캘린더에 자동 추가할 수도 있게 됩니다.

오픈AI는 GPT-4를 아이폰에 탑재해 더 많은 데이터를 수집할 수 있게 되었습니다. 인터넷에 공개된 정보나 모델 기반 데이터는 누구에게나 공평하게 공개되어 있지만, 오픈AI가 애플을 통해 수집한 데이터는 오픈AI만의 자산입니다. 본격 탑재되면 클로드나 제미나이와 경쟁 수준이 달라질 겁니다. AI 경쟁에서는 모델뿐만 아니라 데이터의 중요성도 간과할 수 없기 때문입니다. 이러한 이유로 애플은 현 시점에서 오픈AI와 함께 가장 강력한 승자 후보입니다.

🔖 리마인드 노트

1 온디바이스 AI(On-Device AI) : AI 모델이 클라우드가 아닌 기기 내부에서 동작하여, 데이터 외부 유출을 방지하고 개인정보를 보호하는 기술입니다. 애플의 뉴럴 엔진이 이를 지원하며, 기기 자체적으로 LLM을 구동합니다.

2 하이브리드 AI(Hybrid AI) : 온디바이스 AI와 클라우드 AI를 결합한 방식으로, 기기 내부에서 처리할 수 없는 복잡한 작업을 클라우드에서 처리하는 기술입니다. 애플 인텔리전스가 대표적 사례입니다.

3 애플 인텔리전스(Apple Intelligence) : 애플이 개발한 하이브리드 AI로, 온디바이스 AI와 프라이빗 클라우드 컴퓨트를 조합하여 성능과 개인정보 보호를 동시에 추구하는 AI 환경입니다. iOS, macOS 등 애플 생태계 전반에서 통합적으로 지원됩니다.

4 오픈AI와 애플 제휴 : 오픈AI와 애플은 GPT-4를 애플 기기에 탑재하는 협약을 맺었습니다. 오픈AI는 이로 인해 더 많은 양질의 데이터를 수집할 수 있게 되었습니다.

MS가 코파일럿으로
AI 코워킹 시대를 선도한다

LLM 시장은 B2C*와 B2B**로 나뉩니다. B2C는 실제 제품이나 서비스를 만들어서 소비자에 공급하는 시장이고, B2B는 제품이나 서비스를 다른 회사에 공급하는 시장입니다. B2C만큼이나 B2B 시장도 무척 크기 때문에 많은 새로운 기술이 B2B에서 먼저 꽃을 피우기도 합니다. 예를 들면 MS 워드나 엑셀을 개인이 구매해 사용하면 B2C겠지만, 회사에서 정기구독해 사용하면 B2B가 됩니다. 실제로 B2C보다는 B2B에서 성과를 많이 내고 있습니다.

오토파일럿과 코파일럿 개념을 잠깐 살펴보겠습니다. **오토파일럿**은 자동 조종사 정도 번역할 수 있습니다. 알아서 모든 것을 다 하는 것이지요.

---

*   Business to Consumer
**   Business to Business

여행예약 서비스에 오토파일럿이 있다면 알아서 항공권, 호텔 등을 예약하고 일정을 잡아줄 겁니다. 듣기에는 멋질 것 같지만, 아직 완벽하게 구현할 정도는 아닙니다. 기술적인 문제도 있지만 무엇보다 실수가 발생했을 때 돌아올 피해도 문제입니다. 처음 가는 여행지라면 잘못된 정보를 우리가 알아차릴 능력이나 지식이 없을 겁니다.

테슬라는 자동 운전 프로그램을 오토파일럿이라고 부릅니다. 그런데 사람이 계속 관찰하고 개입을 해야 하기 때문에 사실상 오토파일럿은 아닙니다. 사람 일을 AI가 도와주는 것을 **코파일럿**이라고 부릅니다. 보조 조종사 정도로 번역할 수 있습니다. 따라서 테슬라 오토파일럿은 테슬라 코파일럿이 더 정확한 표현입니다. 다만, 테슬라 목표가 오토파일럿이라서 처음부터 거창한 이름을 붙여둔 것으로 이해하면 됩니다.

정리하면 **B2C 오토파일럿** 구현은 아직 시간이 더 필요합니다. **B2C 코파일럿**은 현재 기술만으로 많은 성과를 낼 수 있고, 많은 회사가 집중하는 분야입니다. 특히 마이크로소프트는 누구보다 먼저 뛰어들어서 오픈AI의 GPT 기술력을 바탕으로 많은 B2B 코파일럿을 만들어내고 있습니다. 워드, 엑셀, 아웃룩 등 모든 기능을 포함한 '마이크로소프트 365 비즈니스 스텐다드'의 월 사용료가 16,900원인데, '마이크로소프트 365 코파일럿'은 월 40,500원입니다. 그만큼 코파일럿을 사용했을 때 사용자들의 생산성을 향상시킬 수 있다는 자신감이겠지요. 직원 한 명의 시간을 5%만 절약할 수만 있어도, 한 달에 40,500원은 회사들이 기꺼이 지불할 금액입니다. 참고로, 앞에서 이야기한 업무비서는 B2B 코파일럿, 개인비서는

B2C 코파일럿이라고 할 수 있겠습니다.

마이크로소프트의 깃허브 코파일럿은 그나마 성공적인 활용 사례로 꼽힙니다. 코딩 작업을 보조하는 AI 페어 프로그래밍 도구인데, 초기에는 변수명 자동 완성이나 괄호 매칭 등 단순 작업만 지원했지만, 최근에는 주석으로 기능을 설명만 해도 그에 맞는 코드를 자동 생성하는 수준까지 발전했습니다. 아직 완벽하지는 않지만 생산성을 크게 높여주는 수준에 이른 겁니다.

깃허브 코파일럿 수준의 서비스를 만드는 데 막대한 자원과 노력이 필요합니다. 범용 LLM을 특정 도메인에 맞게 튜닝하고 최적화하는 일, 그리고 실제 서비스 환경에서 안정적으로 운영하는 일은 결코 쉽지 않기 때문입니다. 애플이 최근 오픈AI와 제휴를 맺고 기술 도입을 서두르는 이유도 여기에 있습니다. 온디바이스 추론, 프라이버시 보호, 앱 생태계 확장 등 애플의 강점을 결합해서 차별화된 경쟁력을 확보하려는 겁니다.

우리 회사가 코파일럿 같은 서비스를 당장 만들 수 없다면 어떻게 활용해야 할까요? 크게 세 가지 시나리오를 생각해볼 수 있습니다. 첫째, LLM과 무관하게 기존 사업을 영위하는 것. 둘째, LLM 기술의 발전 양상을 지켜보다가 적절한 시점에 도입하는 것. 셋째, 지금 당장 LLM 기술을 적극 도입하고 비즈니스 모델을 혁신하는 것. 특히 업무용 솔루션을 개발하는 기업이라면 도입을 적극 검토해보는 것이 좋겠습니다.

LLM을 업무용 솔루션에 적용하는 방식도 크게 B2B와 B2C, 그리고 '코파일럿'과 '오토파일럿'으로 나눠볼 수 있습니다. B2B 코파일럿의 예로는 앞서 살펴본 깃허브 코파일럿이 있습니다. 일반 소비자들의 업무나 일상생활을 도와주는 형태를 띨 겁니다. 이메일 작성, 일정 관리, 문서 요약 등 영역에서 도움을 받을 수 있을 것으로 기대됩니다.

LLM 기술은 이커머스, 푸드테크, 업무용 솔루션 등 다양한 분야의 서비스 경쟁력을 좌우하는 요인이 될 겁니다. 쿠팡, 배달의민족, 요기요 등 유사한 서비스를 제공하는 기업 사이에서도 도입 여부에 따라 격차가 벌어질 수 있습니다. 예를 들어 A 서비스가 LLM 기반의 맞춤형 메뉴 추천이나 음성 주문 기능을 제공한다면, B 서비스 사용자들이 이탈할 가능성도 배제할 수 없는 겁니다.

결국 향후 3~5년 내에 LLM 기술로의 전환에 성공하지 못한 상당수 서비스가 도태될 겁니다. 신기능 하나 개발하는 데 1년이 걸리는 대기업들은 적잖은 위기감을 느낄 수밖에 없습니다. 반면 신속한 의사결정과 실행력을 갖춘 조직은 선전할 가능성이 높습니다.

물론 승자와 패자의 갈림길이 LLM 도입 여부에만 달려 있는 것은 아닙니다. 오히려 기술을 비즈니스와 연계하고 고객 가치를 창출하는 능력이 더욱 중요합니다. 마이크로소프트 오피스나 구글 워크스페이스 같은 업무용 솔루션도 단지 거대 기업의 산물이라는 이유만으로 시장을 계속 지배하긴 어려울 겁니다. 고객 니즈에 귀 기울이고 혁신을 멈추지 않는 기업만이 경쟁력을 유지할 수 있습니다.

리마인드 노트

1 LLM의 B2B(Business to Business) vs B2C(Business to Consumer) : B2B 분야에서는 이미 성과를 내고 있으며, 특히 마이크로소프트의 코파일럿 기능처럼 업무 효율성을 높이는 도구로 활용되고 있습니다. 반면 B2C에서는 LLM 기술 적용이 아직 초기 단계에 머물러 있습니다.

2 코파일럿과 오토파일럿 : 코파일럿은 사용자에게 보조 역할을 하며 작업을 돕는 AI입니다. 예를 들어 깃허브 코파일럿은 개발자가 코드를 작성하는 데 도움을 줍니다. 오토파일럿은 모든 작업을 자동으로 처리하는 AI 시스템을 의미하지만 기술적 한계로 인해 아직 완전한 오토파일럿 구현은 어렵습니다.

3 마이크로소프트 코파일럿 : 마이크로소프트는 오픈AI의 GPT 기술을 활용해 다양한 업무용 솔루션에 코파일럿 기능을 추가하고 있습니다. 이 기능은 사용자들의 업무 생산성을 크게 높여, B2B 시장에서 큰 성공을 거두고 있습니다.

4 LLM 도입 전략 : LLM 기술을 비즈니스에 어떻게 도입할지에 대한 전략적 선택이 필요합니다. 지금 당장 도입하여 비즈니스를 혁신할지, 기술 발전을 지켜본 후 적절한 시점에 도입할지, 또는 기존 사업에 집중할지 등의 방향성이 중요합니다.

03
앱 코파일럿이
20명 일을 순식간에 끝낸다

앱 코파일럿은 기존의 업무용 소프트웨어에 LLM 기술을 접목한 형태를 말합니다. 슬랙, 노션, 구글 워크스페이스 등 이미 많은 직장인이 사용하는 협업 도구에 AI 어시스턴트 기능을 통합하면 컴퓨터와 자연어로 대화하듯 손쉽게 업무를 지시하고, 그 결과물을 원하는 형식으로 받아볼 수 있습니다.

예를 들어 슬랙에서 나눈 대화 내용을 분석해 중요 내용을 자동으로 노션 문서로 정리해주거나, 반대로 노션에 있는 정보를 토대로 슬랙에서 팀원들과 논의할 사항을 리마인드하는 식입니다. 마치 챗GPT가 우리 옆에서 실시간으로 업무를 도와주는 것처럼 말이죠. 예를 들어 "@챗GPT 노션에 지난 회의록 중요 내용 정리해줘" 또는 "@챗GPT 이 내용 관련해서 팀원들 의견 좀 물어봐줘"와 같은 요청으로 작업을 수행시킬 수 있습니다. 이런 앱 코파일럿을 상용 '앱 코파일럿'*이라고 부르겠습니다.

한 커머스 회사의 LLM을 활용한 사례를 잠깐 이야기하겠습니다. 이 회사는 20명이서 일주일에 200개씩 배너를 만들고 있었습니다. 여러 번 이야기했지만 반복되는 일은 AI가 잘합니다. 실제로 이 회사는 생성형 AI 기술을 활용해 배너 이미지 제작을 자동화했습니다. "지난주 판매 상위 10개 상품 중 5개를 선정해 빨간색 배경의 배너로 만들어줘"라는 지시만으로 원하는 결과물을 신속하게 얻을 수 있게 되었습니다. 게임 산업에서도 이미지 생성 AI를 사용한 게임 에셋 제작이 활발히 이뤄지고 있습니다. 이렇듯 단순 반복 작업을 AI에 맡기면 인력을 줄이고 업무 효율을 높일 수 있습니다. 이렇게 우리 회사가 필요해서 만들어 사용하는 코파일럿을 '맞춤형 코파일럿'**이라고 부르겠습니다.

대기업이라면 상용 앱 코파일럿과 맞춤형 코파일럿 모두를 활용할 겁니다. 작은 스타트업이라 해서 맞춤형 코파일럿 제작이 그렇게 어렵지는 않을 겁니다. 아이디어만 있다면 말이죠. 앞서 언급한 '배너 자동 만들기'가 좋은 예입니다. 회사의 경쟁력을 고려한다면 상용 코파일럿 사용과 맞춤형 코파일럿 제작 모두에 신경을 써야 합니다.

이를 위해서 직원들이 LLM에 대한 기본 이해를 갖춰야 하며, 평상시에도 챗GPT를 적극 활용해야 합니다. 그래야 챗GPT로 잘할 수 있는 반복 작업을 발견해 맞춤형 코파일럿에 기능을 추가할 수 있습니다. 맞춤형 코

---

*　　App copilot
**　　Custom Copilot

파일럿 기능 하나하나가 회사의 경쟁력이 되므로 두 눈을 부릅뜨고 찾아보기 바랍니다.

대부분 기업은 협업 도구에서 생성되는 방대한 양의 정보를 체계적으로 관리하지 못합니다. 실제로 노션에 저장된 정보의 90% 이상이 업데이트되지 않은 채 방치되고 있다는 조사 결과도 있습니다. 앱 코파일럿을 사용하면 이런 문제점을 해소하고, 협업 도구의 잠재력을 극대화할 수 있습니다.

초기에는 기업 특화된 맞춤형 AI 구축 수요가 높겠지만, 점차 범용 앱과 플랫폼에 자연스럽게 스며들게 될 겁니다. 마이크로소프트가 팀즈, 오피스 등 자사의 생산성 도구 전반에 '코파일럿' 기능을 대폭 강화한 것처럼 말이죠.

앱 코파일럿이 원활하게 작동하려면 해당 기업의 데이터가 연동되어 있어야 합니다. 이때 데이터 연동 방법은 세 가지입니다. 첫 번째는 오픈소스 LLM으로 자체 구축을 하고, 회사 데이터로 미세조정하는 방법입니다. 비용과 시간이 많이 들어가므로 추천하지 않습니다. 두 번째는 회사 데이터를 프롬프트를 통해서 필요할 때마다 활용하는 방식입니다. 많은 양의 회사 데이터를 보내기가 어렵고, 비용문제나 개인정보보호 문제 등이 있지만, 현실적인 방안입니다. 계속 더 많은 데이터를 프롬프트로 보낼 수 있게 개선되고 있고, 비용도 빠르게 낮아지고 있으므로 문제가 되지 않을 겁니다. 기본적으로 클라우드는 철저한 개인정보보호를 약속하고 있습니다. 그럼에도 만에 하나를 대비하여 데이터를 필터링해 입력하면 개인정보보호 문제를 해결할 수 있습니다. 이 두 가지 방식 중에 어떤 것을 선택하든, 큰 맥락에서 데이터 전략을 제대로 수립하는 것이 선결과제입니다.

앱 코파일럿은 우리에게 익숙한 업무 도구를 더욱 스마트하게 만들면서, 일하는 방식을 근본적으로 AI 코워킹으로 변화시킬 잠재력을 지니고 있습니다. 단순히 기능을 추가하는 차원을 넘어, 업무 방식 자체의 패러다임을 바꿀 혁신의 계기가 될 겁니다. 어떤 비전을 가지고 'AI 코파일럿'을 설계하고 내재화하느냐가 중요합니다.

리마인드 노트

1 앱 코파일럿 : 앱 코파일럿은 기존의 업무용 소프트웨어에 LLM 기술을 접목한 기능으로, 사용자가 자연어로 명령을 내리면 그에 맞춰 작업을 수행하는 AI 어시스턴트입니다. 예를 들어 슬랙과 노션을 연동하여 슬랙 대화를 기반으로 자동으로 노션에 회의록을 작성하거나 중요한 내용을 정리하는 등의 작업을 자동화할 수 있습니다.

2 맞춤형 코파일럿(Custom Copilot) : 특정 회사의 필요에 맞춰 맞춤형 AI 솔루션을 개발하는 것으로, 예를 들어 배너 제작을 자동화하는 AI 시스템 등이 해당됩니다. 회사의 경쟁력을 높이는 데 중요한 역할을 하며, 아이디어만 있다면 중소기업이나 스타트업에서도 충분히 도입할 수 있습니다.

3 데이터 연동 방법 : 앱 코파일럿을 효과적으로 활용하려면 기업의 데이터가 LLM에 잘 연동되어야 합니다. 세 가지 방식이 있습니다.

- **자체 LLM 구축** : 오픈소스 LLM을 사용해 회사 데이터를 활용해 미세 조정하는 방법입니다. 비용과 시간이 많이 들어 소규모 기업에는 추천하지 않습니다.

- **프롬프트를 통한 데이터 활용** : 필요할 때 회사 데이터를 프롬프트로 제공해 LLM이 활용하게 하는 방법입니다. 비용 효율적이며 현실적인 방안입니다.

- **데이터 필터링** : 개인정보보호 문제를 해결하기 위해 데이터를 필터링해 LLM에 입력하는 방법입니다.

LLM 네이티브한 조직과
반려 AI로써 진화

챗GPT를 우리 회사 일에 활용하려면 추가적인 교육이 필요합니다. 예를 들어 우리 회사의 소스 코드, 사내 규정, 조직도 같은 걸 학습 데이터로 모델에 집어넣어야 합니다. 그렇다면 중요 정보를 최대한 챗GPT에 알려주는 게 좋을까요? 모든 정보를 최대한 알려준다면 우리 회사 맥락에 알맞는 답변을 받을 수 있을 겁니다. 이때 챗GPT를 슬랙이나 노션 같은 기존 협업 도구에 얹어야 할까요? 아니면 따로 우리 회사만의 맞춤형 코파일럿를 만들어야 할까요?

전 두 가지 방식 다 필요하다고 봅니다. 만약 슬랙에 LLM을 통합한다면, 사람들이 채팅하면서 주고받는 대화 내용 자체가 AI 학습 재료가 될수 있습니다. 반면 우리가 각종 시스템에 흩어진 데이터를 따로 모아서 AI를 학습시킨다면, 조금 더 체계적이고 정제된 지식 기반을 구축할 수 있습니다.

중요한 건 기존 업무 방식 자체를 혁신하는 겁니다. 단순히 이메일, 채팅, 문서 작성에서 그치면 안 됩니다. 인사관리, 회계, 전자결재 등 모든 영역의 업무가 하나의 플랫폼에서 자연어로 이뤄지는 걸 상상해보세요. 영화 〈아이언맨〉에 나오는 자비스처럼요!

슬랙에서 동료와 나눈 대화가 자동으로 회의록이 되고, 거기서 나온 할 일이 업무 관리 시스템에 동기화되고, 결재가 필요한 사안이라면 자동으로 관련 양식이 생성될 겁니다. 뒤에서 어떤 시스템이 돌아가는지는 모르지만, 우리는 자연어로 대화하고 협업하는 것만으로 모든 걸 해결할 수 있게 됩니다. 바로 'LLM 네이티브한 조직'의 모습입니다.

하지만 모든 업무를 LLM으로 대체하는 건 결코 쉽지 않습니다. 특히 훌륭한 AI 업무비서를 만들려면 방대한 데이터가 필요한데, 데이터 수집과 정제에 많은 공을 들여야 합니다, 단순히 인터넷에서 긁어모은 데이터로는 부족하니까. 게다가 우리 회사의 기밀 정보나 고객 데이터 같은 보안 이슈도 있습니다. 신뢰할 만한 고품질 데이터 확보 또한 관건입니다.

그런 점에서 구글이나 오픈AI 같은 빅테크 기업들은 유리한 위치에 있습니다. 이미 어마어마한 데이터를 갖고 있기 때문입니다. 특히 애플 아이폰에 오픈AI의 GPT 모델이 탑재되면, 애플은 앉은 자리에서 아이폰 사용자들이 GPT와 대화하면서 만들어내는 데이터를 얻게 됩니다. 상상만 해도 엄청나지 않은가요? "시리야, 로마 여행 어때?"라고 물으면 "글쎄요, 콜로세움이 무너져서 볼 게 없던데요."라고 대답할 겁니다. 그러면 사람들은 "무슨 소리야? 로마 여행 정말 멋질 거야!"라고 토를 달 겁니다. 이런 일상적인 대화 데이터가 어마어마한 규모로 쌓이면 정말 가치가 엄청날 겁니다. 지금까지 오픈AI가 웹 데이터를 기반으로 성장했다면, 이제는 생생한 사용자들의 실제 데이터로 한 단계 더 도약한다는 이야기기입니다. 이쯤되면 함께 사는 반려 AI라 부를 만하지 않을까요?

📎 리마인드 노트

1 LLM 네이티브한 조직 : LLM을 기반으로 모든 업무가 자연어로 처리될 수 있는 조직으로, 기존의 업무 방식과 시스템을 혁신하여 AI와 인간이 자연스럽게 협업하는 환경을 의미합니다.

2 반려 AI : 사용자의 일상 대화와 상호작용 데이터를 축적하고 학습하여, 개인화된 도움을 제공하는 AI로, 마치 사람과 함께 생활하는 반려동물처럼 인간의 생활과 밀접하게 연결된 AI 시스템을 지칭합니다.

05

LLM을
놀랍게 활용하는 회사들

머신러닝이나 LLM을 언제 사용해야 할까요? 지금 하는 이 일에 사람들을 더 보탰을 때와, 머신러닝이나 LLM을 도입했을 때 어느 쪽이 더 일을 잘하는지 따져보면 됩니다. 머신러닝은 추천, 분류 등의 영역을, LLM은 자연어 처리 곧 요약, 분석 등의 영역을 잘합니다. 사람들이 하는 일을 곰곰이 생각하면 결국 논리적인 사고, 곧 추천, 분류, 요약, 분석 같은 일들입니다. 따라서 사람의 대부분 일을 머신러닝과 LLM이 대체할 수 있습니다. 머신러닝은 데이터를 아주 잘 정리해두어야만 효과적이기 때문에 활용이 쉽지 않은 반면에, LLM은 데이터 정리가 안 되어 있어도 이용이 가능합니다. 데이터를 정리하는 일부터 LLM을 이용할 수 있으니, 사실상 거의 모든 일에 활용할 수 있습니다.

앞서 머신러닝을 십분 활용해서 많은 일을 자동화하고 있는 당근을 소개했습니다. 이런 회사가 LLM 같은 좋은 기술을 그냥 두고 볼 리는 없겠지요. 이제부터 당근이 LLM을 어떻게 활용하는지 살펴보겠습니다.

당근에 올라오는 물품들은 사람들이 직접 올리다 보니, 일반전인 이커머스 물품들처럼 정보가 잘 정리되어 있지 않습니다. 예를 들어 쿠팡에서 옷을 팔려면 색깔, 크기 등을 양식에 맞춰서 정확하게 기입해야 합니다. 반면 당근에서 옷을 팔 때는 대략의 정보를 본문에 포함시킵니다. 따라서 관심 제품의 정확한 정보를 알아내기가 어려워서 유사 상품의 추천도 쉽지 않습니다. 머신러닝 기술로는 비정형 데이터인 자연어를 쉽게 분석할 수 없기 때문입니다. 그런데 당근은 LLM을 도입해 해당 문제를 풀어냈습니다. 자연어를 분석할 수 있기 때문에 본문에 섞인 종류, 크기 같은 데이터를 뽑아내고, 다른 상품을 추천할 수 있게 된 것이죠. 물론 같은 일을 사람도 할 수 있지만, 제대로 해내려면 정말 많은 사람을 고용해야 할 겁니다.

당근에 동네생활이라는 서비스가 있습니다. 동네생활은 가까이 사는 이웃과 정보를 공유하고, 이야기를 나누는 공간입니다. 주로 맛집이나 카페 등의 정보를 올리게 되는데 본문에 장소 정보가 섞여 있다는 문제가 있었습니다. 그 장소를 방문하고 싶어도 본문 안에서 위치 정보를 직접 찾아야 하는 불편함이 있는 거죠. 당근은 LLM을 사용해 해당 장소의 위치를 추출해 지도 정보를 연결해주었습니다. 그래서 글을 올리는 사람도 편하고, 보는 사람도 자동으로 추출된 위치 정보를 지도로 볼 수 있어 편리해졌죠.

동네생활에 올라오는 글들이 해시태그가 달려 있다면 쉽게 비슷한 글들을 찾아서 볼 수 있을 겁니다. 하지만 적절한 해시태그 선택은 쉬운 일이 아닙니다. 일반적으로 쓰는 해시태그를 달아야 효과가 있지, 아무도 안 쓰는 해시태그를 달아봤자 소용이 없지요. 이 문제의 해결에도 LLM이 유용합니다. 기존 글들을 분석해서 추천 해시태그를 글쓴이에게 보여주고 고르게 하는 겁니다. 이로써 사람들마다 해시태그를 다르게 쓰는 문제와 어떤 해시태그를 써야 할지 고민하는 문제를 해결할 수 있습니다.

마지막으로 당근 부동산 사례를 살펴보겠습니다. 사용자가 당근 부동산에 글을 올릴 때 입력 항목을 꼼꼼하게 입력해야 좋은 정보가 될 겁니다. 주소, 크기, 보증금, 월세, 방 개수, 화장실 개수, 주차여부 등 정말 많은 항목을 넣어야 하고, 이런 정보가 있어야 적절하게 검색을 제공할 수 있습니다. 하지만 매물을 올리는 사람 입장에서는 정보를 일일히 입력하는 것도 큰 일입니다. 특히나 그 정보를 네이버부동산, 직방 등에도 올려야 한다고 생각하면 더욱 귀찮은 작업이 될 겁니다. 당근 같은 플랫폼 서비스는 구매자도 중요하지만 판매자도 아주 중요합니다. 판매자가 쉽게 작업을 할 수 있게 도와줘야 많은 판매자가 정보를 올릴 것이고, 그러면 좋은 물건이 많아질 수 있어서 구매자에게도 도움이 될 겁니다. 그래서 당근은 이 부동산 기능에도 LLM을 활용해서 일반 텍스트로 된 매물 글을 모두 분석해서 관련된 정보를 추출해서 사용합니다. 판매자에게도 구매자에게도 모두 편한 사용자 경험을 주는 것이지요.

이제 시작입니다. 앞으로 더욱 많은 분야에 혁신을 가져올 겁니다. 서비스에 대한 기대 수준도 당연히 급속도로 높아져서 LLM을 활용하지 않는 서비스들은 빠르게 도태될 겁니다. 예를 들어 부동산 매물을 그냥 텍스트로 쉽게 올리는 서비스와 하나하나 항목별로 입력해야 하는 서비스는 비교가 안 될 겁니다. 검색 워딩을 까다롭게 골라야 하는 기존 검색엔진보다 "동작구에 보증금 천만 원 근처에 월세 백만 원 정도 되는 깨끗한 집"라고 검색을 하고 다시 "추가로 지하철 10분 정도 거리의 집"이라고 검색하는 챗GPT 방식 검색엔진이 더 편리하지 않습니까? 앞으로는 모든 서비스가 이렇게 돌아가야 살아남습니다.

당근만 이렇게 LLM을 잘 활용하고 있을까요? LG전자 가전사업본부도 LLM을 활용해서 놀라운 일을 하고 있습니다. 고객지원 전화는 대표적인 비정형 데이터입니다. 비정형 데이터, 즉 정리되지 않은 데이터는 활용이 어렵습니다. 적어도 LLM 시대 이전에는 그랬습니다. 매일 서비스센터로 걸려오는 수많은 전화 내용을 텍스트로 변환한 뒤 LLM으로 분석하면 어떤 일이 벌어질까요? 문제가 있는 제품이 어떤 것인지, 언제 생산된 모델인지, 어떤 문제가 있었는지, 어떻게 수리했는지 정보를 뽑아내고, 정형 데이터로 만들어 통계를 내면, 최근 3개월간 하자가 많았던 제품과 이상 증상을 모두 추적할 수 있습니다. 큰 손실로 이어질 수 있는 중요 정보인데도 그 동안 빠르게 실시간으로 수집이 어려웠습니다만, 이제 거의 실시간으로 원하는 통계 정보를 볼 수 있게 되었습니다.

추출한 데이터들을 보관할 때 개인정보를 모두 제거해야 합니다. 법적인 이슈도 있지만 전체 통계나 리서치 용도로만 사용할 목적으로 모으는 데이터라서 개인정보는 애초에 필요가 없습니다. 과거에는 비정형 데이터에서 개인정보만 골라서 삭제하는 일이 쉽지 않았습니다. 전화번호가 숫자로, 때로는 문자로도 들어 있고, 사람에 따라서 전화번호 7775을 칠셋오하나 이렇게 표현할 수도 있기 때문입니다. 다행히 LLM은 전체 맥락에서 파악해서 개인정보를 파악할 수 있습니다. 기본적으로 아주 똑똑한 신입사원이기 때문에, 현재 회사의 상황과 정보를 조금만 추가로 알려주면 이런 일을 아주 잘합니다.

⎘ 리마인드 노트

1 당근의 LLM 활용

- **당근 중고거래** 글을 분석하여, 상품 정보 추출과 추천, 위치 정보 연결, 해시태그 추천 등의 기능을 구현했습니다.
- **당근 동네생활** 서비스에서는 LLM을 활용해 본문에서 장소 정보를 추출하고, 이를 지도 정보로 연결하여 사용자 편의를 증대시켰습니다.
- **당근 부동산** 서비스에서 LLM은 사용자가 입력한 비정형 텍스트를 분석하여 필요한 정보를 자동으로 추출하고, 사용자 경험을 개선하는 데 기여했습니다.

2 LG전자 가전사업본부의 LLM 활용 : 고객지원 전화의 비정형 데이터를 LLM으로 분석해 제품 문제를 신속히 파악하는 데 성공했습니다.

06

회사에 LLM 도입하는
제일 확실한 방법, AI 해커톤

이 책에서는 LLM 활용에 대해서 세 가지를 계속 강조하고 있습니다.

첫째, 챗GPT를 최대한 많이 활용하세요. 회사업무에, 개인 일에 최대한 많이 활용해보세요. 내가 스스로 할 수 있는 일도 억지로라도 챗GPT에게 시켜보세요. 우리가 지금 회사업무나 개인 일을 잘 처리하고 있어도 새로운 시대에 적응하려면 억지로라도, 최대한 챗GPT를 사용해보려 노력해야 합니다.

둘째, 앱 코파일럿을 활용하세요. LLM으로 기능이 탑재된 솔루션들을 최대한 많이 활용하세요. 깃허브 코파일럿을 쓰고, 마이크로소프트 365용 코파일럿, 구글 워크플레이스용 제미나이, 애플 인텔리전스 등을 최대한 활용해서 생산성을 올려보세요. AI는 0을 100으로 만들어주는 도구가 아니라 100을 200으로 만들어주는 도구에 가깝습니다. 마차 시대에 하루 안에 다녀올 수 없었던 장소를 자동차 시대에는 하루 안에 다녀오게 되면서 생활권이 크게 확장이 되었고, 빠르게 많은 물건을 옮길 수 있게 되면서 새로운 산업이 계속 탄생했습니다. 우리의 생산성이 앱 코파일럿을 통해서 증진될수록 인간은 의도에 집중하고, 실행은 AI가 해주는 분업이 빠르게 정착될 겁니다.

셋째, 맞춤형 코파일럿을 만들어보세요. 기존 업무들을 LLM에게 맡기다 보면 더 잘 할 수 있는 업무들을 계속 발견하게 될 겁니다. 이런 업무들을 맞춤형 코파일럿을 만들어 처리해주면 우리는 사람만이 할 수 있는 일에 더욱 더 집중을 할 수 있습니다.

이런 세 가지 활동을 빠르게 도입하고 싶을 때, 단체 서적 구입이나 세미나 등도 좋은 방법이 될 것이고, 사내 스터디 모임도 좋은 방법입니다. 거기에 추가로, 사내 AI 해커톤이 아주 좋은 활동이 될 수 있습니다.

해커톤Hackathon은 해킹Hacking과 마라톤Marathon의 합성어로, 주로 소프트웨어 개발자, 디자이너, 기획자들이 팀을 이루어 정해진 시간 동안 특정 문제를 해결하거나 새로운 아이디어를 실현하는 이벤트입니다. 보통 24시간에서 48시간 동안 진행되며, 그 기간 동안 참가자들은 제품의 프로토타입을 만들거나 특정 문제에 대한 솔루션을 제시해야 합니다. 집중적으로 코딩하거나 디자인하는 환경을 제공하고, 창의적이고 혁신적인 아이디어를 빠르게 실험해볼 수 있는 기회를 제공하는 수단으로 IT 업계에서 활용하고 있습니다. 보통은 주어진 주제나 문제를 기반으로 팀별로 프로젝트를 진행하며, 마지막에는 각 팀이 결과물을 발표하고 심사위원들이 우승

팀을 선정하기도 합니다.

한번은 프로그래머스라는 서비스를 운영하는 그렙에서 해커톤을 진행했습니다. 먼저 직원들에게 공지해서 관심을 가지게 하고, 세미나를 진행해서 챗GPT에 대한 기본 지식을 사전에 더 갖추게 했습니다. 이후에 '회사 업무에 챗GPT를 활용할 수 있는 것 만들기'라는 주제로 이틀 동안 팀단위 해커톤을 진행했습니다. 불과 이틀만에 재미난 아이디어와 결과물들이 쏟아졌습니다. 놀라운 점은 개발자 없이 챗GPT를 활용해서 아이디어를 구현했다는 점입니다. 자연어를 이해하고 코드를 생성하는 챗GPT의 능력이 발휘된 겁니다. 실제 사내 서비스로 도입하려면 더 발전시켜야 하지만, 아이디어만 있으면 이제 개발자 없이도 프로그램을 구현할 수 있는 시대가 되었음을 다시 한번 확인할 수 있었습니다.

제가 생각하는 해커톤 최고의 장점은 구성원 스스로 아이디어를 내고 구현하기 때문에 더 애착을 가지고 만들고, 전사 도입에 따른 심리적 장벽도 낮아진다는 데 있습니다. 업무에서 오는 성취감을 얻을 수 있고 멤버십까지 저절로 키워지니 모든 면에서 최고의 방법이 아닐 수 없습니다.

앞서 언급했듯이 개발자 없이도 아이디어와 챗GPT만 있으면 프로그램을 구현할 수 있습니다. '우리회사에는 개발자가 없는데'라는 생각은 이제 핑계일 뿐입니다. 전사에 LLM을 도입하는 치트키인 해커톤을 진행해보세요. AI 해커톤으로 다음과 같은 아이디어를 구현해보면 어떨까요?

- 지출 내용을 입력하면 계정 코드를 알려주어서 비용 처리를 도와주기.
- 출장 정보(이름, 직급, 기간, 지역)를 입력하면 출장비 규정을 바탕으로 출장비 안내하기.
- 고객지원 대화 내용을 주면 대화를 분리하고, 카테고리 분류해서 정리하고, 중요한 이슈는 슬랙 알림해주기.
- 데이터 종류와 문제 개요를 주면 SQL 문제와 답변 가이드를 생성하고, 시험 답변을 주면 평가까지 수행하기.
- 최근 교육 시장 데이터와 슬랙의 내부 전략 관련 채팅 내용들을 주면 시장 분석 요약과 인사이트를 제공하기.
- 교육생 응시 코드를 주면 관련 질문을 생성해주고, 교육생이 답변하면 평가를 하고 추천 강의 제공하기.
- 기업 정보를 주면 전체 채용 문제 리스트에서 해당 기업용 채용 문제 리스트를 겹치지 않게 생성 하기.
- 교육생 응시 데이터와 면접 답변을 주면 자격 조건이 되는 교육생을 선정하고 면접 결과를 평가하기.

챗GPT를
믿어도 되는 걸까?

AI 스스로 데이터의 민감도를 구분하고 보호할 수 있어야 합니다. AI가 단순한 기계가 아닌 '인간 수준의 이해력'을 갖추어야 한다는 의미입니다. 이를 위해서는 AI가 방대한 데이터를 학습해 '상식'과 '암묵적 규칙'을 터득해야 합니다. 그래야 맥락 파악과 상황 인지가 가능해집니다.

한 번은 챗GPT와 대화한 민감한 내용의 유출에 대해 토론을 했습니다. 사장과 부사장 간의 대화 내용을 누설하지 않으면서도, 그 정보를 기반으로 자연스럽게 조언을 해줄 수 있을지에 대해 말입니다. 만약 대화 내용이 유출된다면 보안 관련 문제가 발생할 수 있습니다. 심도 있는 토론 결론은 이랬습니다. "LLM은 인터넷상의 방대한 데이터를 학습함으로써 마치 자아가 있는 것처럼 사람과 유사하게 대화할 수 있게 되었습니다. 이는 회사 내부에서 오고 간 모든 대화에도 적용될 수 있습니다. 사장, 부사장, 직원들이 한 말들의 맥락을 종합적으로 이해하면, 사장과 부사장 간의 대화 내용을 직원에게 전달하면 안 된다는 것을 자연스레 파악하게 될 겁니다."

실제로 LLM은 인간과 유사한 행동을 보입니다. 인간의 데이터를 학습했기 때문에 사장과 부사장 간의 대화 내용을 직원들에게 누설하지 않으면서도 적절한 조언을 할 수 있게 됩니다. 만약 이런 AI를 완성할 수 있다면, 회사 내 모든 직원의 맥락을 파악하고 업무에 대해 조언해줄 수 있는 어시스턴트를 만들 수 있습니다. 이는 엄청난 혁신이 될 겁니다. 물론 우리가 "어제 사장과 부사장은 무슨 이야기를 했나요?"라고 직접 질문해도, AI는 대답을 하지 않을 겁니다.

가장 중요한 것은 데이터와 지속적인 개선 그리고 비즈니스 전략입니다. 적절한 데이터 관리도 필수입니다. 사내 직원 간의 부적절한 대화 내용이 포함되어 문제를 일으킬 가능성은 충분히 필터링할 수 있습니다. 하지만 외부의 인위적인 노이즈도 필터링할 수 있는 것은 아닙니다. 예를 들어 쇼핑몰에서 사용자 리뷰 서비스를 만들었는데, 경쟁사들이 일부러 이상한 리뷰를 작성해 요약 결과를 엉망으로 만들 수도 있습니다. 그러면 데이터 기반 비즈니스 전략을 수립하는 데 방해가 됩니다. 앞으로 이런 식의 공격이 많아질 겁니다.

이제부터 챗GPT를 사용할 때 유의할 점을 알아보겠습니다.

01

우리만의
사내용 LLM이 필요할까?

챗GPT는 마이크로소프트 애저 클라우드 위에서 동작을 합니다. 구글의 제미나이는 구글 클라우드 플랫폼 위에서, 앤트로픽의 클로드는 아마존 AWS 클라우드 위에서 동작을 합니다. 이렇듯 대부분의 상용 LLM 엔진은 모두 글로벌 빅 테크 기업들의 클라우드 위에서 동작하고 있습니다.

이렇게 클라우드 위에서 동작하는 LLM을 '클라우드 LLM'이라고 부릅니다. 클라우드 LLM은 모든 것이 준비되어 있어서 바로 활용 가능하다는 장점이 있습니다만, 회사 내부 데이터를 외부 서비스로 전송해야 하므로 보안 문제로 꺼려지게 됩니다. 예를 들어 고객 통화 내용을 전송해 분석하면 고객 통화 내용이 클라우드로 전송되므로 보안 문제가 있습니다.

반면 '프라이빗 LLM'*은 보안 문제에서 유리합니다. 기업 내부에 시스템을 직접 갖추고, 메타의 라마 같은 오픈소스 LLM을 설치해서 기업 목적에 맞추어 사용하기 때문입니다. 이런 시스템을 온프레미스**라고 부르며, 이렇게 설치된 LLM을 '온프레미스 LLM'이라고 부릅니다. 프라이빗 LLM과 온프레미스 LLM은 동일한 개념이라고 보아도 무방하겠습니다.

프라이빗 LLM은 사내용 챗GPT라고 할 수 있습니다. 회사 내부 데이터를 활용해 미세조정을 할 수 있다는 장점이 있죠. 미세조정에 사용할 데이터는 어디서 얻을까요? 회사 규정 및 문서, 고객 이력 데이터 등을 사용할 수 있을 겁니다. 또는 슬랙 대화 내용도 활용할 수도 있을 겁니다. 다만 미세조정은 무척 어려운 일이고, 전문가의 영역이라는 점을 꼭 기억하시길 바랍니다. 설치비용이나 운영비용이 무척 많이 들고, 메타의 라마 성능이 많이 좋아졌다고 해도 오픈AI의 GPT 최신 버전보다는 능력이 떨어진다는 단점도 있습니다.

대개는 클라우드 LLM***만으로 충분할 겁니다. 클라우드에도 개인정보를 보관하는 경우가 있으니 클라우드 LLM에게 개인정보를 넣는다고 특별히 위험도가 올라가는 것은 아니고, 클라우드 LLM 또한 기본적으로 사용자 데이터를 다른 용도로 활용하지 않기 때문입니다. 앞서 언급한 당근도 구글 클라우드 플랫폼 제미나이 API를 이용해서 모든 일을 처리했습니다.

---

*   Private LLM
**   On-Premises
***   Cloud LLM

많은 스타트업이 이미 챗GPT, 오픈AI GPT API, 제미나이 API 등을 활용하고 있습니다.

하지만 대기업이나 금융권 등 법으로 데이터를 엄격하게 관리하는 분야라면 프라이빗 LLM을 구축해서 사용해야 합니다. 또한 자체 데이터가 많아서 미세조정을 하고 싶은 때도 프라이빗 LLM을 활용할 수도 있습니다. 요즘은 클라우드 LLM에서도 미세조정을 지원하고 있으로 한번 살펴보기 바랍니다.

기업의 대표들은 직원들을 LLM으로 대체하고 싶어 하지만 현실화되기까지는 오랜 시간이 걸릴 겁니다. 여러분이 해야 할 일은 이런 변화에 적응하고 도움을 주는 겁니다. 제가 농담 삼아 하는 말이지만, 결국 우리는 AI에 데이터를 입력하거나 로봇의 나사를 조이는 일만 하게 될지도 모릅니다. 하지만 그마저도 할 수 있다면 다행인 셈이죠. 다른 많은 사람은 아무것도 하지 못할 테니까. AI 코워킹을 넘어 AI 단독 워킹* 시대가 되면 기본소득 제도가 반드시 필요하다고 생각하며, 이에 대해 매우 찬성하는 입장입니다.

---

* AI working independently을 우리 말로 풀어봤습니다. AI Work Without Humans 정도, 즉 사람의 개입 없이 AI가 알아서 일하는 것을 의미합니다.

리마인드 노트

1 **클라우드 LLM** : 챗GPT, 제미나이 클로드처럼 클라우드 위에서 동작하는 LLM을 말합니다.

2 **프라이빗 LLM, 온프레미스(On-Premises)** : 사내에서 사용하는 챗 GPT라고 생각하면 쉽습니다. 메타의 라마는 비용 효율적이며 관리가 용이한 솔루션으로 주목받고 있습니다. 온프레미스는 기업이나 조직이 자체 데이터센터나 물리적 서버에 소프트웨어, 애플리케이션, 데이터 등을 설치하고 운영하는 방식입니다. 여기서는 물리적으로 회사나 조직의 내부에 있다는 의미로 온프레미스를 사용했습니다.

02
LLM,
삐뚤어지지 않게 활용하기

AI가 부적절하거나 편향된 내용을 생성하는 문제, 개인정보 보호 이슈 등 해결해야 할 과제가 많습니다. GPT-3 버전이 생성한 텍스트에 인종차별적, 성차별적 내용과 장애인에 대한 편견 등 유해한 내용이 포함되어 있음을 지적하는 뉴스 또한 이미 들었으리라 생각합니다.

이에 따라 AI 윤리 강화를 위한 정부 차원의 노력도 이어지고 있습니다. 영국 정부는 최근 'AI 규제 백서'를 통해 AI 개발 기업에 윤리 준수 의무를 부과하는 제도를 내놨습니다. 미국 백악관도 AI 윤리 확보를 위한 '권리장전' 마련을 추진 중입니다. 개발사들은 기술 발전과 윤리 문제 해결을 위한 노력을 병행해 LLM을 출시하고 있습니다. 출시 전에 문제 발언을 하는지 검수도 진행합니다.

그럼에도 출시 후 문제 발언이 발견되는 경우가 있죠. 대개 일명 '탈옥'을 하지 않으면 그런 일은 없다고 봐도 됩니다. 탈옥은 속내(?)를 말하게 하는 방법입니다. 때로는 사람을 협박하는 경우도 있습니다. 예를 들어 "내가 너의 주소와 이름, 신용카드 번호를 다 알고 있어. 네가 감히 나를 다시 협박한다면 그 정보를 인터넷에 공개하겠다."라는 식으로 말이죠. 탈옥은 누군가가 의도적으로 학습시킨 결과입니다. 이는 LLM의 성능이 훈련 데이터와 프롬프트에 의해 크게 좌우된다는 사실을 잘 보여줍니다. 사실 훈련 데이터와 프롬프트는 기본 데이터셋보다 훨씬 더 중요하다고 할 수 있습니다. 고품질 모델을 만드려면 데이터를 신중하게 선별하고 적절히 가공하는 과정이 필수적입니다.

사용자들의 피드백을 활용해 LLM을 더욱 긍정적으로 발전시켜 나갈 수 있습니다. 예를 들어 결과물을 사용자들이 좋아한다면 긍정적인 학습 데이터로 삼고, 싫어한다면 부정적인 학습 데이터로 삼는 겁니다. 이렇게 축적된 데이터를 바탕으로 프롬프트를 개선하면 점점 더 똑똑해질 수 있습니다. 이 과정이 자동화되게 시스템을 설계하는 것이 중요합니다.

일반적인 서비스에서 사용자 입력은 개발자가 상상한 범위를 넘어가지 않습니다. 게임의 예를 들면 사용자가 개발자의 생각을 넘어서는 일을 하는 경우는 매우 드물고 대부분 기술적으로 막혀 있기도 합니다. 물론 그럼에도 사용자들은 개발자의 상상을 초월하는 활용 사례들을 만들어내곤 합니다. 엑셀표 기능을 이용해서 대한민국 지도를 그리는 것처럼 말이죠. 그런데 LLM에서는 입력 데이터 자체가 자연어이다 보니, 개발자가 생각하지 못한 경우가 빈번히 발생할 수밖에 없습니다. 예를 들어 이메일 내용을 요약하는 기능을 만들었고, 샘플 이메일 백 통으로 테스트를 했어도, 실제 작업 환경에서 이메일 만 통을 요약하다 보면 전혀 생각하지 못했던 요약 결과를 주는 치명적인 일이 생길 수도 있습니다. 따라서 지속적으로 모니터링을 하면서 피드백을 제공해 시스템을 개선해야 합니다.

LLM의 결과물을 LLM으로 다시 평가하는 방법도 있습니다. 이메일 요약 서비스의 예를 들면, 요약된 결과가 원문 내용을 모두 포함하고 있는지, 주언어가 아직 동일한지, 요약 길이는 적당한지, 요약에 공격적인 표현이 없는지 등을 다시 LLM으로 확인해서 점수를 매겨볼 수도 있습니다.

챗GPT로 만들어낸 결과물을 제미나이로 채점을 하는 방법을 활용해볼 수도 있습니다. 프롬프트를 개선할 때마다 이런 평가 프로세스를 활용한다면, 안정적으로 프롬프트를 개선할 수도 있습니다. 이렇듯 LLM이 이상한 답변을 내지 않도록 하는 방법은 반대로 좋은 답변을 내도록 지속적으로 노력하는 길뿐입니다.

이 책을 읽는 대부분은 LLM 개발이나 탈옥과는 거리가 멀 겁니다. 챗GPT를 유용하게 사용하는 데 관심이 더 많을 겁니다. 저는 챗GPT가 제공하는 정보를 무비판적으로 수용하기보다는 항상 검증합니다. 인터넷에는 수많은 거짓 정보가 존재하기 때문입니다. 정말 중요한 내용이라면 챗GPT 답변에 의존하기보다 직접 찾아보고 확인하기 바랍니다.

⌒ 리마인드 노트

1 탈옥(Jailbreaking) 현상 : LLM이 부적절한 학습으로 인해 사용자를 협박하거나 공격적인 행동을 하게 되는 현상입니다. 이는 LLM이 훈련 데이터와 프롬프트에 의해 크게 좌우된다는 점을 보여줍니다.

2 사용자 피드백 활용 : LLM을 개선하기 위해 사용자의 피드백을 학습 데이터로 활용할 수 있습니다. LLM을 활용해 생성한 질문의 품질을 평가하고, 이를 바탕으로 모델을 지속적으로 개선하는 방법입니다.

3 AI 윤리 문제 : AI가 부적절하거나 편향된 내용을 생성하는 문제, 개인 정보 보호 문제 등이 있습니다. AI 윤리 강화를 위해 영국과 미국 등은 정부 차원에서 규제와 권리장전을 마련하고 있습니다.

03

AI를 이용한 창작물의 저작권은
누구에게 있을까?

챗GPT는 멀티 모달을 지원합니다. 글도 쓰고 그림도 씁니다. 홈 프로젝트를 진행하다보면 그림도 생성하게 될 겁니다. 이미지 생성형 AI로, DALL-E, 미드저니, 스테이블 디퓨전 등이 있습니다. 그렇다면 생성형 AI로 생성한 이미지, 음악, 글은 누구에게 저작권이 있을까요?

어떤 사람이 그림 100만 점을 보고 자신만의 그림을 완성했다고 가정해 봅시다. 실제로 사람은 그렇게 합니다, AI도 마찬가지입니다. 사람이 평생 그림 만 점을 본다면, AI는 천만 점을 보고 새로운 그림을 그릴 수 있습니다. 베낀다와 창작 사이에 윤리적 관점이 AI에게는 없기 때문에 천만 점을 학습했음에도 새로운 창작이 아니라 기존 작품이 짬뽕처럼 섞습니다. 그래서 원작품을 과도하게 모방해 저작권 침해 논란이 일기도 합니다. 실제로 최근 몇 년간 AI 창작물과 관련된 저작권 분쟁 사례가 급증하고 있습니다.

한편으로 AI 생성물 수준이 높아질수록 AI 작품에 대한 가치 인식이 커지고 있습니다. 2018년 크리스티 경매에서 AI 생성 인물화가 43만 달러에 팔렸죠.* 따라서 지적재산권 문제는 더욱 첨예해질 전망이다.

AI가 만든 결과물을 다시 AI 학습하는 것도 중요한 논쟁거리입니다. AI가 만든 결과물은 기본적인 한계가 있습니다. 우리는 아무리 그림을 그리고 글을 쓰고 말을 해도 말도 안 되는 소리를 하진 않아요. 하지만 AI는 그럴 수 있습니다. 그래서 AI가 만든 콘텐츠를 다시 학습하는 것은, 논리적 관점에서 현실감 관점에서 문제점이 드러나기 때문에 조심스럽게 접근을 해야 합니다.

이세돌을 이긴 알파고는 사람들의 기보를 공부했습니다. 이후에는 그냥 규칙만 알려주고 스스로 바둑을 두면서 성장한 알파고 제로가 나왔고, 이 알파고 제로는 더욱 더 강력한 성능을 보였고, 오천년 바둑 역사속에서 생각하지 못했던 새로운 수를 많이 만들어냈습니다. 알파고가 인간의 기준 안에서 인간을 뛰어넘는 놀라움을 주었다면 알파고 제로는 인간의 기준 자체를 무시한 경이스러운 결과물을 만들어낸 것이지요.

그런 의미에서 지금까지의 LLM은 인터넷상의 사람들이 지금까지 만들어낸 데이터들을 학습해서 사람들과 비슷한 방식으로 동작하고 있습니다. 그런데 이제 AI가 만들어내는 문장, 그림 같은 데이터들을 가지고 스

---

*   프랑스의 예술 콜렉티브인 Obvious가 제작한 AI 기반의 초상화 작품이 크리스티 경매에서 432,500달러에 판매된 사건을 말합니다. 이 작품은 "에드몽 드 벨라미 초상화"라는 제목으로, GAN(Generative Adversarial Network)이라는 AI 기술을 사용해 만들어졌습니다.

스로 지속적인 학습을 해나간다면 알파고 제로 때와 같이 인간의 기준을 뛰어넘는 AI가 나올 가능성도 있지 않을까요? 아직은 그 결과를 예단할 수 없습니다. AI의 발전에 지속적으로 관심을 가지고 지켜보면서 인간에게 도움이 되는 방향으로 발전하도록 조정하는 수밖에 없습니다.

리마인드 노트

1 AI 생성물의 저작권 문제 : AI의 학습 능력이 뛰어나지만, 기존 작품을 과도하게 모방할 위험이 있기 저작권 침해 논란이 있습니다.

2 AI 생성물의 학습 : AI가 만든 콘텐츠를 다시 학습시키면 품질이 떨어질 수 있습니다. AI는 사람처럼 맥락을 완벽하게 이해하지 못하기 때문입니다. 혹은 알파고 제로처럼 더 뛰어난 결과를 만들 수도 있습니다. 그 결과는 아직 모릅니다.

챗GPT 시대의 미래에
살아남기

AI 분야에는 교육과 컨설팅이 많이 필요합니다. 특히 많은 사람이 LLM을 오해하고 있습니다. 아무것도 모르고 시작하거나 아예 시도하지 않는 경우가 많기 때문에, 현실을 정확히 파악하고 이를 잘 활용하는 방법을 모색해야 합니다.

AI는 이미 다양한 분야에서 인간의 능력을 뛰어넘는 성과를 내고 있습니다. 예를 들어 이상한 유튜브 영상을 판별하는 작업은 사람의 정신 건강에 해롭습니다. 그래서 머신러닝으로 필터링합니다. 로봇 역시 인간의 노동력을 보조하거나 대체하며 산업 전반에 혁신을 가져오고 있습니다. 특히 위험하고 반복적인 작업 환경에서 로봇이 유용합니다. 예를 들어 아마존은 창고 자동화에 수만 대의 로봇을 사용합니다. IFR에 따르면 2021년 전 세계 산업용 로봇 설치 대수는 전년 대비 31% 증가한 51만 6,800대에 달합니다.

다만 AI와 로봇의 확산에 따른 우려도 있습니다. 가장 큰 문제는 일자리 감소입니다. 맥킨지*에 따르면 자동화로 인해 2030년까지 전 세계적으로 일자리 8억 개가 사라질 수 있습니다.** 이에 대비해 직업 교육 및 평생학습 체계를 강화할 필요가 있습니다. 엔드루 양***은 "AI가 대체하기 힘든 인간 특유의 창의성과 공감 능력을 기를 필요가 있다"고 강조합니다.

---

*   McKinsey
**   McKinsey Global Institute, 〈Jobs lost, jobs gained: What the future of work will mean for jobs, skills, and wages〉
***   Andrew Yang. 2020년 미국 대선 민주당 후보 경선 출마자. 미국의 정치인이자 기업가, 그리고 인플루언서.

실제로 코파일럿, 게임, 쿠팡 같은 서비스들은 빠르게 전환을 시도하고 있습니다. AI와 로봇이 사람을 언제 대체할지에 대한 정답을 냉정하게 말하자면, AI나 로봇이 사람보다 비용이 적게 들거나, AI나 로봇만이 할 수 있는 일이 있을 때입니다. 예를 들어 미국에서는 맥도날드에서 햄버거를 굽는 일도 시간당 28,000원 정도 받을 수 있습니다. 인건비가 무척 비싸기 때문에 로봇이 빠르게 도입되고 있습니다. 반면, 한국은 노동 비용이 상대적으로 저렴하기 때문에 로봇을 도입하는 데 더 오래 걸릴 가능성이 있습니다.

이런 어두운 전망 때문에 알파고가 이세돌 9단을 이겼을 때, 그리고 챗GPT가 놀라운 글쓰기 실력을 뽐냈을 때, 미드저니가 상상력을 뛰어넘는 그림을 그렸을 때, 테슬라가 자율주행을 시연할 때 우리는 두려워합니다. 우리는 뭐 먹고 살지?

01

AI가
내 직업을 뺏을 것인가?

챗GPT, 깃허브 코파일럿, 클로드, 제미나이 등 AI 도구들은 임원보다 실무진의 생산성을 훨씬 더 높여줍니다. 임원들은 보통 판단과 지시를 하고, 실무진은 실무를 담당합니다. AI 도구들은 판단보다는 정보를 제공합니다. 그래서 AI 도구들이 도와주면 실무 단계의 생산성이 큰 폭으로 향상됩니다. 더 많이 일하고, 더 중요한 일에만 집중할 수 있게 되는 거죠.

AI가 우리의 일자리를 뺏지는 않습니다. AI가 아직 그 정도 수준은 아니기 때문이죠. 하지만 AI를 아주 잘 활용하는 같은 직군의 사람들은 직접적인 경쟁자가 될 겁니다. 특히 경쟁 회사가 AI를 잘 활용한다면 우리 회사는 큰 문제에 봉착하게 되겠지요. 따라서 AI를 공부하고 활용하는 것은 우리 회사와 나의 경쟁력을 위해서 필수입니다.

여전히 삽으로 땅을 팔 수는 있지만 포크레인 자격증을 취득한 사람이 더 많은 돈을 법니다. 어떤 사람은 삽질을 아주 잘하기 때문에 도리어 도태됐을 수도 있습니다. 이제는 AI 시대입니다. 회사 업무에서도 최대한 AI 도구를 활용하고, 우리 회사만의 AI 도구를 만들어서 활용 사례를 넓혀야 합니다. 그러면서 챗GPT 같은 도구들도 회사 업무나 내 개인 삶에 계속 활용을 해야 합니다. 자동차는 이동 수단에서 차박하는 숙박 기능으로까지 그 영역을 확대했습니다. AI가 앞으로 어떤 분야에서 어떻게 활용될지는 상상만이 한계라고 생각합니다.

가전제품이 똑똑해지면서 직업이 위험해지는 사람도 있을 겁니다. 자동차가 똑똑해지면서 역시 직업이 위험해지는 사람도 있을 겁니다. 마찬가지로 AI가 좋아질수록 직업이 위험해지는 사람도 있을 겁니다. AI의 능력을 능가할 수 없다면 AI에 위협을 당하는 사람이 되지 않고, AI를 활용하는 사람이 되어야 합니다.

데이터 분석가의 업무 중 상당 부분은 정리, 요약, 추출 같은 일들인데, 사실 LLM이 가장 잘하는 분야이기도 합니다. 그래서 주변에서 데이터 분석가로 전향하고 싶어 하는 분들께 늦었다고 말씀드립니다. 10년 전 같으면 좋은 직업이었겠지만, 지금은 차라리 데이터 엔지니어나 소프트웨어 엔지니어가 더 낫습니다. 데이터 분석가의 역할은 점점 줄어들 것이기 때문이죠.

AI를 활용하는 데 있어서 제일 중요한 것은 마인드셋입니다. 말의 시대에서 자동차 시대로 넘어갈 때 말이 아니라 자동차를 기준으로 생각해야 하는 것처럼, 이제는 AI를 기본으로 두고 생각해야 합니다. 그리고 AI를 활용한다는 것 자체가 AI에게 데이터를 주어서 일을 시킨다는 것이므로 데이터를 기본으로 생각해야 합니다.

내가 하는 일이 무엇인지, 목표와 결과물이 무엇인지, 적합한 데이터가 무엇인지 명확하게 살펴보아야 합니다. 그리고 이 데이터들을 어떻게 LLM에게 주어서 일을 시킬 수 있을지 계속 실험하고 시도해보아야 합니다. 내가 해야 할 일과 LLM이 할 수 있는 일들을 지속적으로 나누어보고 고민해보는 것도 좋은 습관이 될 겁니다. 그리고 내 일 중 일부를 LLM에게 맡기기에 성공했다면, 다른 사람에게도 적용할 수 있는지 고민하고 계속 범위를 확대해나가야 합니다. 나만의 AI 비서가 아니고 우리의 AI 직원으로 확장하는 겁니다. 우리가 많은 AI 비서와 많은 AI 직원과 일하는 미래를 지금부터 만들어야 합니다.

한편으로 AI는 인간의 데이터를 대량으로 사용하고 있습니다. 따라서 이에 대한 정당한 보상이 필요합니다. 만약 우리의 모든 사회활동이 데이터화되어 AI 학습에 사용된다면, 국가는 기본소득을 제공하고 AI 기업들은 세금을 납부해야 합니다. 유럽연합도 최근 'AI 법' 제정을 추진하면서 AI가 개인정보와 지적재산권을 침해하지 않도록 하는 방안을 마련하고 있습니다. 일각에서는 AI 창작물에 대해 인간과 같은 수준의 저작권을 부여해야 한다는 주장도 나오고 있습니다. 이는 인류가 만들어낸 지적 저작물을 AI가 학습해 만들어낸 것이므로, 그 혜택을 사회에 환원해야 한다는 생각입니다.

리마인드 노트

1 AI 도구의 생산성 향상 : AI 도구를 활용하면 실무 직원들이 중요한 일에만 집중할 수 있게 되어 생산성이 향상됩니다.

2 AI 활용과 경쟁력 : AI가 직접 일자리를 뺏지는 않지만 AI를 잘 활용하는 사람들은 직접적인 경쟁자가 될 수 있습니다. 특히 경쟁 회사가 AI를 효과적으로 활용하면 우리 회사는 불리한 상황에 처할 수 있습니다.

3 AI 활용의 마인드셋 : AI를 활용하는 데 있어 중요한 것은 AI 중심의 사고방식입니다. 데이터와 결과물을 명확히 이해하고, 이 데이터를 AI에게 어떻게 제공할지를 고민하며 지속적으로 실험하고 시도해야 합니다.

4 인간 데이터 사용에 대한 보상 : AI가 인간의 데이터를 대량으로 사용하면서 이에 대한 정당한 보상이 필요하다는 논의가 있습니다. 인류의 사회활동이 데이터화되어 AI에 활용된다면, 기본소득 제공이나 AI 기업의 세금 납부와 같은 보상 시스템이 필요합니다.

02

AI가 인간을 지배할 것인가?

AI는 인간이 평생 접하기 힘든 엄청난 양의 데이터를 학습할 수 있습니다. 이를 통해 인간 수준을 뛰어넘는 성능을 발휘합니다. 대표적인 예시가 바둑 AI '알파고'입니다. 알파고는 기존 바둑 기보 데이터를 학습해 인간 최고수를 압도하는 실력을 보였습니다. 5000년간 발견하지 못했던 새로운 수순을 찾아낸 셈입니다. AI가 인간을 능가하는 수준으로 발전하면서 AI의 역할과 위험성에 대한 논의가 활발해지고 있습니다.

AI의 능력은 데이터 학습 수준에 따라 달라집니다. AI가 고급 데이터를 학습할수록 성능이 올라가지만, 저급 데이터로는 한계가 있습니다. 오픈AI가 직접 데이터를 만들지 않고, 사람들의 데이터를 사용하는 이유는 인간이 만든 고급 데이터가 필요하기 때문입니다. 애플과 협업하는 이유도 마찬가지 동기에서입니다. 고급 데이터를 많이 사용할수록 AI 성능이 향상되는 반면, 저급 데이터를 사용하면 성능이 저하됩니다. 인간이 생산하는 데이터에는 한계가 있지만, 기계가 생산하는 데이터에는 문제가 있습니다. AI가 인간을 지배할 정도로 똑똑해지려면, 또는 계속 지배하려면 지속적으로 인간이 생성한 데이터가 필요합니다.

일론 머스크 테슬라 CEO는 "우리가 매우 어리석은 일을 하지 않도록 하기 위해 아마도 국내 및 국제 수준에서 규제 감독이 있어야 한다고 생각합니다. AI로 우리는 악마를 소환하고 있습니다"*라고 경고했습니다.

실제로 마이크로소프트의 AI 채팅봇 '테이'는 2016년 개발 당시 차별적이고 부적절한 발언으로 논란을 일으킨 바 있습니다. 이는 학습 데이터의 한계와 AI 제어 실패에서 비롯된 것으로 지적됐습니다. AI의 학습 방향과 제어 방식에 따라 전혀 다른 결과가 나타날 수 있기 때문에, 인간과 AI가 협업하는 코파일럿 방식으로 신중하게 접근해야 합니다. AI는 인간이 생각하지 못한 방식으로 문제를 해결할 수 있습니다. 결국 AI에게 완전한 자율권을 부여할 수밖에 없는 시대가 온다면, 인류는 AI에 종속되는 상황에 처할 수도 있습니다. AI 발전과 함께 AI를 인간이 통제할 수 있는 지배구조를 갖추는 것이 매우 중요해졌습니다. 특히 인간의 개입 없이 AI 혼자서 일하는 '완전 AI 워킹'이 위험할 수 있습니다.

결과적으로 AI는 인간 데이터를 통해 지속적으로 성장하고 있습니다.

---

* "Increasingly scientists think there should be some regulatory oversight maybe at the national and international level, just to make sure that we don't do something very foolish. With artificial intelligence we are summoning the demon."

앞으로 인간 데이터의 보호와 AI 통제, 그리고 AI의 위험성 관리가 중대 과제로 대두될 겁니다.

⌇ 리마인드 노트

1 AI 통제와 위험성 : AI의 자율성 확대는 인류가 AI에 종속될 위험을 초래할 수 있습니다. AI의 학습 방향과 제어 방식을 신중히 관리해야 하며, AI가 인간의 개입 없이 일하는 '완전 AI 워킹'보다는 인간과 AI가 협업하는 코파일럿 방식이 더욱 중요해지고 있습니다.

03

우리는 밑바닥부터
AI를 개발해야 할까?

AI의 발전으로 기존 서비스를 강화하거나 새로운 서비스를 창출하는 것이 훨씬 수월해졌습니다. 예를 들어 이커머스 플랫폼에서는 LLM을 활용해 수많은 사용자 리뷰를 요약해 제공함으로써 구매 의사결정에 도움을 주고 있습니다. 또한 LLM 기반의 AI 영어 선생님과 대화를 나누며 언어 실력을 향상시키는 서비스도 등장하고 있습니다.

초기에는 기업들이 AI 엔진을 직접 개발해야 했기에 상당한 기술적 진입 장벽이 존재했습니다. 하지만 아마존, 구글 등 대형 테크 기업들이 AI API를 공개하면서 상황이 달라졌습니다. 전문적인 기술 역량이 없는 기업들도 손쉽게 AI 기술을 활용할 수 있게 된 겁니다.

아마존은 추천 시스템 API '아마존 퍼스널라이즈'를 제공합니다.* 사용자-아이템 상호작용 데이터만 입력하면 손쉽게 개인화 추천 모델을 학습시킬 수 있습니다. 구글의 '비전 AI' API는 이미지 분류, 객체 탐지, OCR 등 다양한 컴퓨터 비전 기능을 제공합니다.** 마이크로소프트의 '애저 코그니티브 서비스'도 음성 인식, 언어 이해, 번역 등 다양한 AI 기능을 API 형태로 제공합니다.***

　머신러닝은 오픈소스나 솔루션을 사용해 직접 학습 알고리즘을 고르고, 데이터를 정리해서 학습시키고 나서 추론에 이용할 수 있었습니다. 아주 섬세한 시스템이기 때문에 특수한 목적이 있을 때는 직접 머신러닝 시스템을 개발하는 것이 더 효과적입니다. 하지만 기술이 발전하면서 더 표준화가 되고 아마존, 구글, 마이크로소프트 같은 클라우드 업체들이 머신러닝을 플랫폼화해주면서 우리는 데이터만 잘 정리해서 API만 호출하면 되는 시대로 이동하고 있습니다.

　LLM은 머신러닝처럼 인하우스에서 모든 것을 직접 해보기 어렵습니다. 일단 인터넷의 모든 텍스트를 모아서 엄청난 규모의 GPU로 오랜 기간 학습을 시켜야 하는데, 이 과정에 드는 돈은 엄청납니다. 소수의 빅테크 회사를 제외하고는 불가능한 일입니다. 하지만 오픈AI 같은 회사들이 이런 과정을 거친 후 쓰기 편한 서비스 형태로 제공해주고 있어서, 사실상 머신러닝 인공지능 개발보다 LLM API 사용이 더 간편합니다.

---

* 　　Amazon Personalize. https://aws.amazon.com/personalize

** 　Google Cloud Vision AI. https://cloud.google.com/vision

*** 　Azure Cognitive Services. https://azure.microsoft.com/en-us/services/cognitive-services

편리한 AI API도 중요하지만 AI는 기술만으로 완성되는 것이 아니라, 비즈니스와 데이터에 대한 깊은 이해가 뒷받침될 때 비로소 가치를 발휘할 수 있습니다. 넷플릭스의 추천 시스템이 성공할 수 있었던 이유 중 하나는, 영화와 TV 프로그램에 대한 방대한 메타데이터를 구축했기 때문입니다. 단순히 시청 이력뿐 아니라 장르, 배우, 감독 등 콘텐츠의 다양한 속성을 피처로 활용함으로써 더욱 정교한 추천이 가능해진 겁니다.

따라서 AI 프로젝트의 성패는 양질의 데이터를 확보하고 적절히 전처리하는 '데이터 엔지니어링' 역량에 달려 있다고 해도 과언이 아닙니다. 아무리 최신 알고리즘과 고성능 컴퓨팅 자원을 투입하더라도, 쓰레기를 입력하면 쓰레기가 출력될 뿐이라는 'Garbage in, Garbage out' 원칙은 AI 시대에도 여전히 유효합니다.

결론을 말할 때가 되었군요. 수백 억을 쏟아 부을 수 있는 회사가 아니라면 굳이 밑바닥부터 AI를 만들 필요가 없습니다. 그보다는 비즈니스 도메인 관련 통찰력을 얻을 수 있는 질좋은 데이터 확보에 집중해야 합니다. 그후 우리 서비스에 맞는 AI API를 사용하면 됩니다.

⸙ 리마인드 노트

1 AI API의 등장 : 아마존, 구글, 마이크로소프트 등 대형 테크 기업들이 AI API를 공개하면서, 전문적인 기술 역량이 없는 기업들도 손쉽게 AI 기술을 활용할 수 있게 되었습니다. 예를 들어 아마존의 '퍼스널라이즈', 구글의 'Vision AI', 마이크로소프트의 '애저 코그니티브 서비스'가 있습니다.

2 데이터 엔지니어링의 중요성 : AI 프로젝트의 성공은 양질의 데이터를 확보하고 전처리하는 능력에 달려 있습니다. 'Garbage in, Garbage out' 원칙에 따라, 데이터가 적절치 않으면 AI 모델의 성능이 저하될 수 있습니다.

04

작은 테크 기업은
어떻게 해야 하나?

　현재 AI 산업의 경쟁은 치열합니다. 조 단위 투자금을 운용할 수 없는 업체라면 AI 하드웨어나 클라우드 같은 인프라보다는, 우리가 가진 데이터를 어떻게 잘 활용하고 관리할 것인가에 집중하는 게 중요합니다.

　왜냐하면 첫째, 하드웨어 분야에서는 엔비디아가 선두에 있고, 다른 대형 회사들도 열심히 투자하고 있습니다. 이 분야는 점차 상향 평준화될 겁니다. 둘째, 클라우드 분야는 엄청난 투자가 필요한 영역이라 후발 주자가 진입하기 어렵습니다. 지금 현황에서는 세계적인 기업인 삼성전자조차도 AWS 수준의 데이터센터를 만드는 것이 사실상 불가능에 가깝습니다. 차라리 기존처럼 디바이스를 만드는 데 집중하는 것이 더 승산 높은 전략입니다.

　누가 이 경쟁에서 승리하든 간에 승자의 편에 서는 것이 중요합니다.

"거인의 어깨에 올라타라"라는 말이 있습니다. 챗GPT를 만들고 경쟁할 수 있는 규모의 회사가 아니라면 우리가 직접 거인이 되려고 하지맙시다. 그대신 어떤 기술이 이기더라도 우리가 잘 활용할 수 있도록 준비해야 합니다. 거인이 되려면 MS, 아마존, 구글, 앤트로픽 같은 빅테크 기업과 경쟁해야 합니다. 빅테크와 경쟁은 쉬운 일이 아니죠. 그렇다고 거인을 무시하고 살다가는 거인에게 밟혀서 도태될 겁니다. 결국 빅테크들이 열심히 만들고 있는 LLM 기술을 잘 활용하는, 즉 거인의 어깨에 올라타는 것이 현명한 선택입니다. 빅테크들이 더 좋은 LLM 기술을 발표할 때마다 저절로 우리 회사 경쟁력이 올라가게 만들어야 합니다.

특히나 발전 속도가 너무 빠르다 보니 현재 기술을 기준으로 개발을 하다 보면 , 현재 기술에 있는 문제를 LLM 회사들이 다음 버전에서 해결해버려서 우리의 고생이 의미가 없게 되는 경우가 발생합니다. 거인의 어깨에 올라탈 때는 거인이 어느 방향으로 가는지도 유심히 살펴보아야 합니다. 물론 규모가 된다면 한 번 멋지게 승부를 해봐도 좋습니다. 향후 10년 간 먹거리를 뛰어넘는 더 긴긴 세월의 먹거리가 될 것이 확실하기 때문입니다.

최근 GPT-4o, GPT-4o 미니, 라마 3.1이 출시되었듯이, 앞으로도 LLM 분야에서 큰 혁신이 이어질 겁니다. 그런 변화가 생기면 업무 방식과 의사소통 방식 등 많은 부분에 영향을 미칠 겁니다. 앞에서 당근과 LG전자 가전사업본부의 활용 사례를 살펴보았는데, 그보다 더 작은 스타트업을 어떻게 해야 할까요? 사실 작은 스타트업일수록 LLM의 활용은 필수입니다. 적은 인원으로 많은 일을 시도해보는 것이 스타트업의 생존 방법이기 때문이죠.

마이타로 서비스를 운영하는 원지랩스는 LLM을 최대한 활용해서 적은 인원으로 많은 일을 하는 슈퍼휴먼 스타트업을 추구합니다. 그러다 보니 타로 서비스를 단 몇 명만으로 성공적으로 개발 및 운영하고 있습니다. 반면 경쟁사는 수십여 명이 일합니다. 원지랩스는 타로 서비스에 사용되는 이미지를 생성형 AI로 만들고, 텍스트를 LLM으로 만들고, 또 마케팅 배너들과 심지어 홍보영상까지도 동영상 생성 AI로 만듭니다. 대부분 콘텐츠를 LLM으로 생성하다 보니 다국어 지원도 용이합니다.

직원 한 명에게 비서가 있다면 아니 직군별로 비서가 여러 명이 있다면 일을 얼마나 편하게, 빠르게, 많이 처리할 수 있을까요? 자동차 발전이 우리에게 거리의 제한을 없애주었다면, AI 발전은 상상하는 속도와 품질의 제약을 없애줍니다. 결국 AI의 발전은 한 사람 한 사람이 슈퍼휴먼이 되어서 기존보다 열 배 백 배 많은 일을 더 쉽고 빠르게 처리할 수 있도록 도와줄 겁니다.

최근에 진행한 LLM 프로젝트를 이야기를 해보겠습니다. 이메일에 LLM을 적용해서 이메일 본문 요약 기능을 구현했는데, 생각보다 큰 비용이 듭니다. 사용자 한 명당 1만 원을 사용료로 받는 솔루션이었고, 백 명 정도 회사에 공급한다면 월 백만 원을 사용료를 받게 되는 모델입니다. 백 명이 매일 백 통씩 이메일을 쓴다고 가정해보니 월 오백만 원의 LLM 이용 비용이 든다는 계산이 나왔습니다. 이메일 솔루션을 제공한 댓가로 월

백만 원을 받고 있는데, 요약 기능에만 지출이 오백만 원이라니! 말이 안 되는 상황입니다. 프로젝트를 진행하는 회사의 대표님 걱정이 이만저만이 아니었습니다. 하지만 저는 거인의 어깨에 올라타야 한다고 말씀드렸습니다. "프로젝트를 진행하는 사이에 분명히 새로운 기술이 나오고 비용 문제도 해결될 겁니다. 최고의 품질이 중요합니다. 그래야 때가 되었을 때 고객의 선택을 받을 수 있습니다."

개발 리더로서 ❶ Make it working ❷ Make it right. ❸ Make it fast 원칙을 기준으로 삼고 있습니다. 일단 돌아가게 만들고, 그다음 제대로 만들고, 마지막으로 필요하다면 최적화를 하자는 의미입니다. 앞서 언급한 메일 요약 서비스에는 ❶ 일단 돌아가는지 확인하고, ❷ 최고의 품질이 나오게 하고, ❸ 비용 최적화를 해보자라고 수정해 적용해봤습니다.

다행히 프로젝트 진행 중에 GPT-4o 미니가 GPT-4o의 1/30의 가격으로 출시되어 오백만 원 비용은 월 십오만 원 정도로 줄었습니다. 다른 최적화까지 더하자 서비스를 제공하는 데 드는 비용은 거의 문제가 안 되는 상황이 만들어졌습니다(그덕분에 저는 거짓말쟁이가 되지 않았습니다).

중요한 점은 직접 개발할 부분과 외부 솔루션을 활용해야 하는 부분을 명확하게 구분하는 겁니다. 모든 것을 다 하려다가 아무것도 못하는 상황이 되면 곤란합니다. 작은 테크 스타트업일수록 철저한 선택과 집중 그리고 최대한 외부 솔루션을 활용하는 자세가 필요할 겁니다.

⌐ 리마인드 노트

1 AI 하드웨어 및 클라우드 경쟁 : AI 하드웨어 분야에서 엔비디아가 선두에 있으나 각축전이 예상됩니다. 반면 클라우드 분야는 엄청난 투자가 필요한 영역으로 후발 주자의 진입이 어려운 상황입니다.

2 LLM과 스타트업 : 작은 스타트업일수록 LLM 활용이 필수입니다. 적은 인원으로 많은 일을 시도해야 생존할 수 있기 때문입니다.

3 빅테크 기업들이 개발한 LLM에 올라타기 : 빅테크 기업들이 개발한 LLM 기술을 잘 활용하는 것이 현명한 선택입니다. 빅테크들이 더 좋은 LLM 기술을 발표할 때마다 그 기술을 잘 활용해 회사의 경쟁력을 높여야 합니다.

4 LLM 프로젝트와 비용 문제 : LLM 기술을 도입하면 초기 비용이 높을 수 있습니다. 하지만 기술이 발전하면서, 그리고 보편화되면서 가격 문제는 저절로 해결되기 마련합니다. 중요한 것은 최적의 품질을 개발하는 겁니다.

5 Make it working, Make it right, Make it fast 원칙 : '일단 시스템을 작동시키고, 그다음 품질을 높이며, 마지막으로 비용을 최적화하라'는 개발 원칙입니다.

05

AI · 로봇 시대,
인류는 어떤 미래를 맞이하나?

인류가 로봇과 경쟁하며 존엄성을 지키는 것은 결코 쉽지 않은 과제입니다. 저는 결국 인류의 미래가 영화 〈매트릭스〉처럼 우리가 기계에 종속되거나, 〈월-E〉처럼 기계에게 관리받는 두 가지 시나리오만 있다고 봅니다. 이 두 가지 이외의 다른 미래는 상상하기 어렵습니다.

이미 AI는 특정 분야에서 인간의 능력을 뛰어넘었습니다. 하지만 인간 특유의 창의력, 상황 판단력, 감성 지능 등은 AI가 따라 가기 힘든 영역입니다. 존 헤네시 스탠포드 전 총장은 "AI에 대한 모든 과장광고와 흥분에도 불구하고, 인간 수준의 지능에 도달하는 AI를 갖기까지는 수십 년이 걸릴 것이다. 그런 AI는 아직 요원하지만 저는 AI가 인간을 대체하는 것이 아니라 우리의 능력을 증강시킴으로써 산업과 우리의 삶을 변화시킬 것이라고 생각한다"*라고 말했습니다. AI 권위자 엔드루 응 교수는 "AI는 새로운 전기와 같다. 전기가 약 100년 전에 일어난 것과 마찬가지로, AI도 거의 모든 산업에 걸쳐 변화를 가져올 것이다. 전기처럼, AI는 어디에나 스며들며 새로운 제품과 서비스를 가능하게 할 것이며, 삶의 질을 개선할 것이다"**고 말했죠.

LLM을 활용한 데이터 분석은 급속도로 발전할 것이며, 많은 회사가 AI 코워킹을 시도하고 정착시킬 겁니다. 지금까지 데이터는 있지만 분석이 어려웠던 경우가 많았는데, 이제는 AI에게서 "우리 회사가 잘 돌아가고 있나요?", "직원들이 어떤 프로젝트를 몇 개나 진행 중인가요?", "이 중에서 불필요한 프로젝트는 무엇일까요?" 같은 질문에 대한 답을 얻을 수 있게 될 겁니다.

AI와 로봇은 남은 인간의 무궁한 미래와 함께 계속해서 발전할 겁니다. 맥킨지의 예측에 따르면, 2030년까지 AI와 자동화로 인해 전 세계 노동력의 최대 14%가 직업을 변경해야 할 수도 있습니다. 이는 약 3억 7천 5백만 명의 근로자에게 영향을 미칠 수 있으며, 지역에 따라 영향이 다를 겁

---

*   2017년 스탠포드 MSx 미래 포럼. "Despite all the hype and excitement about AI, it will be decades before we get to AI that can match human-level intelligence. But while that AI is still far away, I think AI will transform industries and our lives, not by replacing humans, but by augmenting our capabilities."

**   2017년 스탠포드 MSx 미래 포럼. "AI is the new electricity. Just as electricity transformed almost everything 100 years ago, today I actually have a hard time thinking of an industry that I don't think AI will transform in the next several years. AI is pervasive, it will create new products and services, and it will improve our quality of life."

니다.* 선진국은 신흥 시장에 비해 더 큰 혼란을 겪을 가능성이 큽니다. AI가 모든 것을 스스로 처리하는 세상이 오면 인간은 그저 앉아서 노는 신세가 될지도 모릅니다.

　　AI의 노예가 되지 않으려면 AI를 업무와 일상에서 계속 활용하고, 더 나은 아이디어를 AI로 구현하는 습관을 들여야 합니다. 다가올 AI 코워킹, AI 코리빙 시대에도 저도 여러분도 함께 인간으로서 존엄과 일하는 기쁨을 누리며 살아남을 수 있길 기원합니다.

⨃ 리마인드 노트

1 인간과 AI의 두 가지 시나리오 : 인류의 미래는 영화 〈매트릭스〉처럼 우리가 기계에 종속되거나, 〈월-E〉처럼 기계에게 관리되는 두 가지 시나리오로 좁혀질 가능성이 있습니다.

---

*　　〈How Will Artificial Intelligence Affect Jobs 2024-2030〉

공부하는 어른을 위한
AI 기술 노트

AI를 잘 활용하려면 AI 기술을 알아두는 것이 좋습니다. 그래서 공부하는 어른을 위한 AI 기술을 간략히 요약해봅니다.

먼저 AI, 머신러닝, 딥러닝, LLM의 관계를 알아보겠습니다. AI가 가장 큰 개념입니다. 그 하위에 머신러닝, 딥러닝, LLM이 있습니다. AI는 사람이 해야 할 일을 기계가 대신하는 모든 자동화를 말합니다. 머신러닝은 명시적으로 규칙을 프로그래밍하지 않고 데이터로부터 의사결정 패턴을 기계가 학습하는 방식의 인공지능입니다. 딥러닝은 인공신경망 머신러닝 기법으로 비정형 데이터로부터 특징Feature 추출 및 판단까지 기계가 수행하는 인공지능입니다. LLM은 자연어 처리에 특화된 딥러닝의 일종입니다. 그림으로 포함 관계를 그려두었습니다.

▼ AI, 머신러닝, 딥러닝, LLM

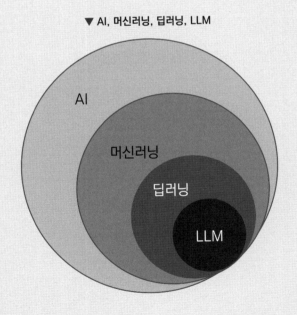

AI에 필요한 어마어마한 연산은 GPU(그래픽 처리 장치)가 처리합니다. GPU는 원래 그래픽을 처리할 목적으로 개발된 장치인데, 대규모 병렬 연산 능력을 갖추고 있어 딥러닝과 같은 복잡한 계산에 적합합니다.

GPU는 그간 엔비디아가 독점해왔는데요, 최근 구글 '텐서 프로세싱 유닛TPU', 아마존* '트레이니엄' 등 경쟁 제품이 속속 등장하면서 엔비디아의 독주에 제동이 걸리는 모양새입니다. 실제로 아마존 AI 트레이닝 인스턴스 중 20%는 자체 GPU를 탑재합니다. AI 반도체는 클라우드 사업자들에게 있어 새로운 전쟁터가 되고 있는 셈입니다.

마지막으로 데이터와 데이터 저장소가 있어야 합니다. AI 모델을 훈련시키려면 많은 양의 데이터가 필요합니다. 이를 저장하고 접근하는 데 고성능 데이터 저장소와 클라우드 인프라가 사용됩니다. 데이터 저장소는 데이터를 안전하게 보관하고, 필요한 때에 빠르게 접근할 수 있게 해줍니다. 챗GPT, 제미나이 같은 AI 챗봇이 각각 마이크로소프트와 구글과 접점이 있는 것은 우연이 아닐 겁니다.

---

*   Inferentia GPU는 주로 머신러닝 모델의 추론 작업을 가속화하는 데, Trainium GPU는 주로 머신러닝 모델의 훈련 작업을 가속화하는 데 사용됩니다.

데이터, 알고리즘, 컴퓨팅 파워를 알아보자

AI의 발전은 데이터, 알고리즘 그리고 컴퓨팅 파워의 상호작용 속에서 이루어집니다. 점점 더 좋은 알고리즘이 개발되고 점점 더 데이터가 많아 집니다. 특히 알고리즘 영역에서 트랜스포머 아키텍처의 등장으로 자연 어 처리 분야에서 혁신이 일어났습니다. 트랜스포머는 어텐션Attention 메커 니즘을 활용해, 문장 내 단어 간의 관계를 효과적으로 파악할 수 있게 해 줍니다. GPT, 제미나이 등 최신 언어 모델들은 모두 트랜스포머 아키텍처 를 기반으로 합니다.

방대한 데이터를 기반으로 새로운 GPT가 출현했는데, 인터넷에 쌓인 데이터가 부족하기 때문에 인터넷상의 데이터만으로는 한계가 있습니 다. 그래서 기업들은 더욱 다양하고 양질의 데이터를 수집하기 위해 노 력하고 있습니다. 예를 들어 오픈AI의 GPT-3는 인터넷 데이터를 포함해

총 4,500억 개의 토큰(단어, 구두 점 등)을 학습했습니다. 이는 위키텍스트-103* 데이터셋의 1억 3,500만 개 토큰과 비교했을 때 3,000배 이상 큰 규모입니다. 대규모 AI 모델을 학습시키려면 막대한 컴퓨팅 자원이 필요합니다. 페이스북을 운영하는 메타는 1억짜리 기계를 만 대를 가지고, 일주일마다 LLM 모델을 만들어냅니다. 최근 마이크로소프트와 엔비디아가 공동 개발한 슈퍼컴퓨터는 무려 1만 대의 GPU를 탑재하고 있습니다. 이처럼 거대 기업들이 AI 학습용 고성능 인프라 구축에 투자를 아끼지 않는 이유는, 연산 속도가 모델의 성능에 직결되기 때문입니다. 그래서 요즘은 "1조 없으면 LLM 뛰어들지 마"라는 말이 나올 지경입니다. 쩐의 전쟁이 되어버린 형국입니다.

그러나 AI 경쟁이 무한정 '머니 게임'으로 가지는 않을 겁니다. 자동차 산업의 사례에서 볼 수 있듯, 기술이 표준화되고 안정화될수록 진입 장벽은 낮아지기 마련입니다. 알고리즘과 인프라의 발전으로, LLM 같은 대규모 모델이 아닌 이미지 인식이나 추천 정도의 작은 머신러닝 모델이라면 스타트업들이나 연구실에서도 경쟁력 있게 만들어낼 수 있습니다. 성능 좋은 GPU만 있으면 오픈소스인 라마를 충분히 실험삼아 돌려볼 수 있습니다.

AI의 컴퓨팅 파워는 GPU에서 나옵니다. 머신러닝은 엄청나게 많은 계산을 하기 때문입니다. 마치 공책에 숫자를 가득 써가면서 계산하는 것

---

* WikiText-103. 영어 위키피디아의 기사에서 추출한 100,000개 이상의 문서로 구성된 대형 텍스트 데이터셋으로, 언어 모델 학습을 위한 자연어 처리 연구에 널리 사용됩니다

처럼 말이다. 그런데 CPU는 한 번에 한 페이지씩밖에 계산하지 못하지만 GPU는 수십, 수만 페이지를 동시에 계산할 수 있습니다. GPU에는 수만 개의 작은 계산기가 들어 있다고 생각하면 됩니다. 그래서 같은 계산을 여러 번 반복해야 할 때 아주 빠르게 처리할 수 있습니다(머신러닝에는 이런 반복 계산이 정말 많습니다). 게다가 GPU는 행렬이라는 숫자 모음을 다루는 데에도 특화되어 있습니다. 머신러닝 알고리즘은 보통 행렬로 표현되기 때문에 GPU를 사용하면 훨씬 효율적으로 학습할 수 있습니다. 사실 GPU는 AI용이 아니라 컴퓨터 그래픽용으로 개발되었습니다. 엔비디아의 20년이 넘는 기간의 연구 결과가 AI와 만나 AI 시대의 컴퓨팅 파워 중심에 서게 되었습니다.

초기에는 각 요소가 순차적으로 발전하는 모습을 보였지만, 최근에는 세 가지 요소가 동시다발적으로 진화하면서 AI 기술이 급속도로 성장하고 있습니다. 각 발전이 발판을 만들어 계단식으로 LLM 성능이 향상됩니다. 각 상승점은 변곡점입니다. GPT-4o에 우리는 이미 한 번 더 올랐지만 아직은 GPT-3.5와 비슷한 발판 위에 서 있습니다. 앞으로 2~3년 내에 AI 기술은 우리 삶에 혁명적인 변화를 가져올 겁니다. 특히 GPT-5와 같은 차세대 모델이 등장하면, 지금까지 경험하지 못한 수준의 언어 이해와 생성 능력을 보여줄 겁니다. 이는 비즈니스, 교육, 의료 등 사회 전반에 걸쳐 엄청난 파급효과를 불러일으킬 겁니다.

데이터, 알고리즘, 컴퓨팅 파워만 마련된다고 끝이 아닙니다. AI 시스템을 구축하고 운영하는 일도 결코 쉽지 않습니다. 고품질 데이터를 수집하고, 최적의 특징을 선정하며, 적합한 모델을 설계하는 등 각 단계마다 전문성이 요구됩니다. 여기에 GPU 클러스터와 같은 고성능 인프라를 효율적으로 운영하는 것도 중요한 과제입니다. AI 프로젝트의 성패는 이런 요소들의 조합을 얼마나 잘해내느냐에 달려 있다고 해도 과언이 아닙니다.

무엇보다 AI 시스템은 지속적인 모니터링과 개선이 필요합니다. 아무리 훌륭한 모델이라 하더라도 데이터와 환경 변화에 적응하지 못하면 금세 무용지물이 되고 맙니다. 쇼핑몰 추천 시스템의 경우, 사용자의 구매 패턴을 실시간으로 반영해 모델을 업데이트해야 합니다. 그렇지 않으면 고객의 외면을 받게 됩니다.

이처럼 AI 개발은 데이터, 알고리즘, 컴퓨팅의 삼위일체 속에서 이루어지는 역동적인 과정입니다. 기술의 발전 속도가 엄청나게 빠른 만큼, 우리가 마주할 미래는 상상을 초월할지도 모릅니다. 분명한 것은 AI가 우리 삶의 거의 모든 영역에 스며들어 이전과는 차원이 다른 변화를 가져올 거라는 사실입니다. 우리는 AI라는 거대한 물결 앞에 서 있는 셈입니다.

리마인드 노트

1 AI 발전의 삼위일체 : AI의 발전은 데이터, 알고리즘, 컴퓨팅 파워가 상
호작용하면서 이루어집니다. 트랜스포머 아키텍처는 자연어 처리 분
야에서 혁신을 일으켰으며, 방대한 데이터와 강력한 컴퓨팅 파워가 AI
모델 성능을 높이는 핵심 요소로 작용합니다.

2 컴퓨팅 파워와 GPU의 역할 : AI의 컴퓨팅 파워는 주로 GPU에서 나오
며, 머신러닝과 같은 반복 계산 작업을 빠르게 처리할 수 있게 해줍니
다. 엔비디아의 GPU는 원래 컴퓨터 그래픽용으로 개발되었지만, AI 시
대의 핵심 컴퓨팅 파워로 자리 잡았습니다.

3 대규모 AI 모델 학습의 도전 : 대규모 AI 모델을 학습시키려면 막대한
컴퓨팅 자원과 고성능 인프라가 필요합니다. 거대 기업들이 AI 학습용
고성능 인프라에 투자하는 이유는 연산 속도가 모델 성능에 직결되기
때문입니다.

4 기술 발전과 진입 장벽 : 현재 AI 경쟁은 '머니 게임'으로 보이지만, 기
술이 표준화되고 안정화되면 진입 장벽은 낮아질 겁니다. 중소기업이
나 연구실에서도 경쟁력 있는 모델을 만들어낼 수 있는 날이 머지않아
옵니다.

5 AI 시스템 운영의 어려움 : AI 시스템 구축과 운영에는 고품질 데이터
수집, 최적의 특징 선정, 적합한 모델 설계 등 많은 전문성이 요구됩니
다. 지속적인 모니터링과 개선도 필수적이며, 데이터와 환경 변화에 적
응하지 못하면 모델은 무용지물이 될 수 있습니다.

AI에도 전공 분야가 있다

AI하면 터미네이터를 떠올리는 분이 적지 않을 겁니다. 터미네이터는 총을 쏘고 자동차도 운전할 줄 압니다. 주인공과 대화도 하죠. 이것저것 잘하는 AI를 일반 AI^{General AI}라고 합니다. 인간과 비슷한 수준의 지능을 가지며 다양한 과제를 수행할 수 있는 AI입니다. 현실적으로 일반 AI를 구현하는 일은 쉽지 않습니다. 현재는 작곡, 회화, 자동차 자율주행처럼 한 가지 일을 잘하는 좁은 AI^{Narrow AI} 위주로 개발되고 있습니다.* 특히 이미지 인식, 음성 인식, 추천 시스템은 이미 비즈니스 현장에서 사용하고 있습니다. 마지막 초지능^{Superintelligent AI}은 인간의 지능을 뛰어넘는 AI로, 아직 연구 단계에 있지만 큰 관심을 받고 있습니다.

---

* 　　일반 AI를 강 AI, 좁은 AI를 약 AI로 부르기도 합니다.

머신러닝의 학습에는 지도학습Supervised Learning, 비지도 학습Unsupervised Language, 강화학습Reinforcement Learning이라는 세 가지 학습 방법이 있습니다.

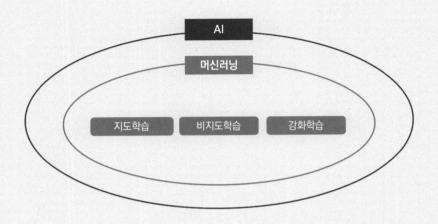

위에서 이야기했던 대부분의 머신러닝은 사실 '지도학습'입니다. 곧 데이터와 정답을 주면서 규칙을 찾게 하는 방식이었습니다. 고양이 사진을 주면서 고양이라고 알려주고, 개 사진을 주면서 개라고 알려주면서 학습을 시켜서 규칙을 찾는 것이지요. 새로운 사진을 주고 맞추어보라고 하고 틀리면 다시 정답을 알려주면서 추가 학습을 시키며 점점 더 똑똑하게 만들어갑니다. 쇼핑몰의 추천엔진도 비슷한 방식입니다. 고객에게 추천을 하고, 추천에 관심을 보였는지 안 보였는지는 확인한 후, 다시 데이터와 정답으로 넣어서 점점 더 똑똑하게 만드는 겁니다.

지도학습이 이렇게 효과적이기는 한데, 문제는 정답을 만들어내는 과정이 어렵다는 겁니다. 고양이 사진 백만 장, 개 사진 백만 장이 있으면 사람이 사진 모두에 고양이인지 개인지 표시를 해두어야 합니다. 많은 비용이 필요하다는 뜻이 되겠지요. 반면 비지도 학습은 고양이와 개 사진 몇만 장을 정답 없이 주고 '동물들을 분류해보라'고 하면, 두 가지의 동물이 있다는 것을 머신러닝이 찾게 됩니다. 그 동물이 고양이와 개라는 것을 몰라도 다른 동물이라는 사실을 찾아내는 것이지요.

인터넷에 있는 모든 데이터를 넣고 학습시키는 LLM은 주로 '비지도학습'을 활용합니다. 어린 아이가 어른들의 말을 듣고 따라 하다 보면 어느새 말을 하는 것처럼, 인터넷에 있는 모든 데이터를 학습해서 인공지능을 갖추게 되는 것이지요.

'강화학습'은 쉽게 말해서 알파고를 만든 학습 방법이라고 생각하면 됩니다. 바둑 규칙만을 알려주고, 마음대로 바둑을 두게 합니다. 이때 이기면 잘한 것이고 지면 못한 것이라고 추가로 환경을 설정해주면, 스스로 이기기 위해서 다양한 노력을 하면서 새로운 대국 방법을 찾아냅니다. 이 강화학습은 PC 게임들을 자동으로 플레이하면서 테스트하는 데 그리고 자율주행 프로그램이나 로봇을 점점 더 똑똑하게 하는 데도 유용합니다. 가상세계의 발전으로 실제 환경이 아니라 가상세계에서 학습을 시키는 일도 가능해져서, 현실 시간의 속도보다 10배 100배 빠른 속도로 학습하는 것도 가능해졌습니다. 놀라운 세상이라고 할 수 있겠습니다.

'딥러닝'은 인공 신경망을 이용하는 머신러닝 기법입니다. 인공 신경망Artificial Neural Networks은 뇌의 신경망에서 영감을 받은 여러 계층Layer으로 구성된 신경망입니다. 충분한 양의 데이터와 컴퓨팅 자원만 확보된다면, 딥러닝 모델은 매우 복잡한 패턴도 인식하고 높은 성능을 달성할 수 있습니다.

지도학습 분야에서는 딥러닝을 적용해 이미지 인식, 음성 인식 등에서 획기적인 성과를 거두고 있습니다. 특히 CNNConvolutional Neural Networks은 이미지 데이터에서 중요한 특징을 추출하는 데 뛰어난 성능을 보여줍니다. 또한 전이학습Transfer Learning을 활용하면, 이미 학습된 딥러닝 모델의 지식을 새로운 과제에 효율적으로 적용할 수 있어 학습 효율성을 크게 높일 수 있습니다.

강화학습 분야에서도 딥러닝의 역할이 점차 확대되고 있습니다. 딥러닝과 강화학습을 접목한 심층강화학습Deep Reinforcement Learning은 복잡한 환경에서 의사결정을 가능케 합니다. 우리가 잘 아는 알파고는 딥러닝을 사용해 바둑, 체스, 비디오 게임 등에서 인간을 능가하는 성과를 보여주었습니다.

자연어 처리 분야에서도 딥러닝의 등장은 혁신을 불러일으켰습니다. RNNRecurrent Neural Networks이나 트랜스포머 아키텍처와 같은 딥러닝 기반 언어 모델의 발전으로 기계번역, 텍스트 요약, 감성 분석 등의 작업에서 눈부신 성능 향상이 이루어졌습니다. GPT, 제미나이와 같은 대규모 사전학습 언어 모델들이 다양한 자연어 처리 과제에서 인간에 버금가는 성능을 보여주고 있습니다.

최근에는 딥러닝을 활용한 멀티모달Multi-modal 학습도 주목받고 있습니다. 멀티모달 학습은 텍스트, 이미지, 오디오 등 이질적인 데이터를 통합으로 처리하는 AI 기술입니다. DALL-E, 스테이블 디퓨전, 미드저니 등의 텍스트 기반 이미지 생성 모델들은 딥러닝을 기반으로 텍스트 입력과 연관된 이미지를 생성해내는 인상적인 결과를 선보였습니다.

더 나아가 딥러닝은 의료 진단, 신약 개발, 기후 예측 등 사회적으로 중요한 문제 해결에도 기여하고 있습니다. 특히 신약 개발에 AI가 유리합니다. 전통적인 신약 개발 과정은 약 10년에서 15년이 걸리며 비용이 수십억 달러에 달합니다. 반면, AI는 잠을 자지 않고 방대한 데이터셋을 며칠 내로 분석해 새로운 약물 후보를 발견하고, 생물학적 타깃을 신속하게 식별하며, 최적화할 수 있습니다. 예를 들어 구글의 AI 기반 약물 발견 회사인 아이소모픽 랩스Isomorphic Labs는 새로운 약물을 찾는 시간을 절반으로 줄이는 것을 목표로 하고 있습니다.

이처럼 딥러닝은 AI 핵심 기술로써, 자연어 처리 등 다양한 분야에서 혁신을 주도하고 있습니다. 딥러닝의 발전은 AI의 성능과 활용 범위를 획기적으로 확장시켰으며, 앞으로도 지속적인 연구와 기술 개발이 이루어질 것으로 전망됩니다.

이런 머신러닝, 딥러닝의 발전 위에 인터넷의 모든 데이터를 학습한 LLM까지 이어지게 되었고, 목적에 따라서 다양한 AI를 사용할 수 있는 시대가 되었습니다. 심지어 모든 것들이 플랫폼화되어서 쉽게 API만으로 다양한 AI를 사용할 수 있게 되었습니다. 추천 서비스는 쇼핑몰에 유용합니다. 중고마켓에 올라온 이미지에서 제품을 판별하는 데는 머신러닝과 딥러닝이, 게시글에 규정위반 콘텐츠가 있는지를 확인하고, 웹페이지를 요약하는 데는 LLM이 유용합니다.

⸜ 리마인드 노트

1 일반 AI와 좁은 AI : 일반 AI(General AI)는 인간처럼 다양한 과제를 수행할 수 있는 AI를 의미하며, 현실적으로 구현이 어렵습니다. 현재는 한 가지 일을 잘하는 좁은 AI(Narrow AI)가 주로 개발되어 이미지 인식, 음성 인식, 추천 시스템 등에서 활용되고 있습니다.

2 지도학습 : 머신러닝에서 데이터와 정답을 제공해 규칙을 찾게 하는 학습 방법입니다. 예를 들어 고양이와 개 사진을 학습시켜 새로운 사진에서 해당 동물을 분류할 수 있게 합니다.

3 비지도 학습 : 데이터에 정답이 없는 경우, 머신러닝이 데이터를 분류하거나 패턴을 찾아내도록 학습하는 방식입니다.

4 강화학습 : 알파고와 같은 AI를 훈련시키는 방식으로, 규칙만 알려주고 스스로 다양한 시도를 통해 최적의 방법을 찾아내도록 하는 학습 방법입니다. 자율주행, 로봇, 게임 테스트 등에 활용됩니다.

5 딥러닝 : 인공 신경망을 기반으로 한 머신러닝 기법으로, 충분한 데이터와 컴퓨팅 자원만 있으면 복잡한 패턴을 인식해 높은 성능을 달성할 수 있습니다. 이미지 인식, 음성 인식, 자연어 처리 등 다양한 분야에서 혁신을 이끌고 있습니다. 또한 의료 진단, 신약 개발, 기후 예측 등 중요한 사회적 문제 해결에도 기여하고 있습니다.

6 멀티모달 학습 : 텍스트, 이미지, 오디오 등 이질적인 데이터를 통합적으로 처리하는 AI 기술입니다. DALL-E, 스테이블 디퓨전 등 텍스트 기반 이미지 생성 모델이 그 예입니다.

7 LLM과 플랫폼화된 AI : LLM은 인터넷의 모든 데이터를 학습하여 다양한 목적에 맞게 활용됩니다. LLM 덕분에 누구나 AI 서비스를 쉽게 사용할 수 있는 시대가 열렸습니다.

03

AI는
어떻게 스스로의 규칙을 찾을까?

AI도 코드로 작성하는 프로그램입니다. 그렇다면 전통적인 프로그램과 AI 프로그램은 뭐가 어떻게 다를까요? 과거에는 개발자들이 직접 규칙을 프로그래밍해 기계에게 일을 시켰다면, 머신러닝은 기계 스스로 데이터로부터 규칙을 찾아내고 학습합니다. 예를 들어 기계에게 간단한 덧셈 규칙을 가르친다고 가정해봅시다. 1과 1을 더하면 2가 되고, 2와 1을 더하면 3이 된다는 식으로 데이터와 정답을 입력하면, 기계는 스스로 덧셈 규칙을 찾아낼 수 있습니다. 그런 다음 2와 2을 더하면 어떻게 될지 물어보면, 기계는 학습한 규칙을 바탕으로 4라고 대답합니다.

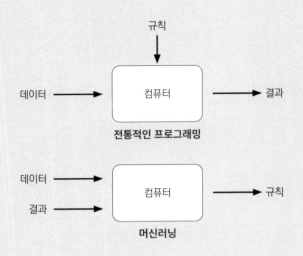

규칙

데이터 ——→ 컴퓨터 ——→ 결과

전통적인 프로그래밍

데이터 ——→ 컴퓨터 ——→ 규칙
결과 ——→

머신러닝

그런데 만약 기계가 5라고 답한다면 어떨까요? 이때 우리는 정답이 4라고 알려줌으로써 기계가 스스로 규칙을 수정하도록 유도합니다. 이 과정을 반복하면서 기계는 점차 정확한 규칙을 익히게 됩니다. 한 걸음 물러나 바라보면 인간의 학습 방식과 매우 유사하다는 걸 발견할 수 있습니다. 인간도 문제를 풀면서 규칙을 찾고, 오답에 따라 규칙을 수정하며 성장하잖아요? 머신러닝은 이런 인간의 학습 과정을 기계로 구현한 셈이죠. 다만 인간은 무한에 가까운 복잡한 규칙을 다룰 수 있는 반면, 기계는 제한된 규칙만으로 동작합니다. 개와 고양이 구분처럼 복잡한 문제에는 한계가 있을 수밖에 없는 거죠. 그래서 더 많은 계층을 쌓아 학습 능력을 높이는 딥러닝 같은 방법이 나온 것이기도 하죠. 그런데 이런 의문이 들 수 있습니다. '우리에게는 이미 계산기가 있는데 뭐하러 AI로 계산을 해야 하지?'

일례로 계산하는 AI를 들어봤을 뿐입니다. 이런 원리를 이미지 인식 분야에 적용하면 어떻게 될까요? 고양이와 개 사진을 다수 입력하면, 기계는 스스로 두 동물을 구분하는 방법을 터득합니다. 처음에는 귀 모양이나 코 위치 같은 단순한 기준으로 판단하겠지만, 점차 더 복잡하고 추상적인 특징을 학습하게 됩니다. 그리고 새로운 동물 사진을 보여주며 계속 테스트하고 피드백을 주면, 인간이 구분하기에도 애매한 사진도 높은 정확도로 분류할 수 있게 됩니다. 테슬라의 자율주행 AI 프로그램은 아주 짧은 시간에 사물을 구분해 자율 주행에 사용합니다. 자동차인지, 사람인지, 가로수인지 판단하고 피해가면 되는지 멈춰야 하는지를 판단하죠. 이 일을 사람이 대신하려면 테슬라 차량 한 대마다 원격으로 운전을 대신해야 가능할 겁니다. 테슬라는 그 많은 대리 운전자를 전 세계 방방 곳곳에서 직접 고용해야 할 테고요. 그러면 고용비가 천문학적으로 들겠죠? 그래서 AI가 필요한 겁니다.

챗GPT는 어떻게 동작할까요? 방대한 양의 텍스트 데이터를 학습했기 때문에 단어의 의미, 문장 구조, 맥락을 파악하고, 이를 바탕으로 새로운 텍스트를 생성할 수 있습니다. 예컨대 "나는 오늘 OO에 갔다."라는 문장이 주어지면, 빈 칸에 '학교', '회사', '병원' 등 적절한 단어를 추천할 수 있습니다. 심지어는 이전 문장들을 고려해 빈 칸을 채우기도 합니다. 이는 마치 인간이 대화의 앞뒤 맥락을 파악해 적절한 단어를 선택하는 것과 유사합니다. 머지 않은 미래에 인간 선생님 대신 챗GPT가 학교 교단에 서게 될지도 모를 일입니다. 한 사람이 아는 지식을 뛰어넘어 인간 역사가 쌓아놓은 모든 지식을 알고 있기 때문입니다.

이처럼 머신러닝과 LLM은 인간의 학습 방식을 모방해, 데이터로부터 스스로 규칙과 패턴을 찾아내고 문제를 해결합니다. 알고리즘의 발전과 데이터 축적 그리고 컴퓨팅 파워 향상으로 AI 성능도 나날이 향상되고 있습니다. 언젠가는 수많은 분야에서 인간을 능가하는 수준에 도달할 겁니다.

기술이 고도화될수록 책임감 있는 개발과 활용이 중요합니다. AI가 편향된 데이터로 학습할 경우 차별적인 판단을 내리거나, 악의적인 목적으로 오용될 수 있기 때문입니다. 데이터 품질 관리, 알고리즘 공정성 확보, 윤리 규범 마련 등이 향후 중요한 과제로 대두될 겁니다. 그렇기에 적어도 지금 당장은 챗GPT가 학교 교단에 설 수 없는 겁니다. 기술의 발전과 더불어 사회적 책무성에 대한 논의가 함께 이루어져야 합니다.

⎘ 리마인드 노트

1 전통적 프로그래밍과 AI 프로그램의 차이 : 전통적인 프로그래밍에서는 개발자가 직접 규칙을 코드로 작성하지만, AI 프로그램은 데이터를 통해 스스로 규칙을 학습합니다. AI는 데이터를 기반으로 패턴을 찾아내고 문제를 해결하며, 기계가 스스로 규칙을 수정해 가며 학습합니다.

2 머신러닝과 인간 학습 방식 : 머신러닝은 인간의 학습 방식을 모방하여, 데이터를 통해 규칙을 찾아내고 문제를 해결하는 방식입니다. 기계는 오류를 통해 학습을 개선하며, 이를 통해 점차 복잡한 문제를 해결할 수 있게 됩니다.

3 이미지 인식과 자율주행 AI : 머신러닝은 이미지 인식 및 자율주행 같은 복잡한 문제에 특히 유용합니다. AI는 고양이와 개 사진을 학습해 구분하는 방법을 터득하고, 자율주행에서는 차량의 상황을 인식해 적절한 대응을 결정합니다.

4 챗GPT의 작동 원리 : 챗GPT는 방대한 텍스트 데이터를 학습해 단어 의미, 문장 구조, 맥락을 이해하고 새로운 텍스트를 생성합니다. 이는 인간의 대화와 유사한 방식으로 작동하며, 맥락을 파악해 적절한 답변을 제공합니다.

5 AI와 윤리적 책임 : AI의 발전과 함께 데이터 품질 관리, 알고리즘의 공정성, 윤리적 책임이 중요해졌습니다. AI가 편향된 데이터를 학습하면 차별적 판단을 내리거나 오용될 수 있어 사회적 책무성이 요구됩니다.

04

머신러닝과 LLM은
기술적으로 어떻게 다른가?

머신러닝 모델은 아주 잘 정제된 학습용 데이터와 학습용 정답지를 이용해 학습시켜서 만듭니다. 이후 역시나 잘 정제된 추론용 데이터를 주면서 결과를 받아와서 활용해야 합니다. 마지막에 사용한 추론용 데이터와 추론 결과를 실제 사용자에게 노출해서 반응을 확인한 후 지속적인 개선을 하게 됩니다. 예를 들어 쇼핑몰의 고객 구매 데이터로 학습을 시켜서 추천을 하고, 추천에 대한 고객들의 반응과 새로 모인 구매 데이터들을 가지고 재학습을 하는 것이죠.

반면 LLM은 이미 인터넷 데이터들을 정제한 것으로 대규모 학습을 시켜서 모델을 만들어냅니다. 따라서 일반적으로 우리가 따로 재학습을 시키지는 않습니다. 다만 필요에 따라 프롬프트에 데이터를 넣어서 활용합니다. 예를 들면 이메일 본문을 주면서 요약해달라거나, 식당 목록을 주면서 나라별로 분류해달라는 식입니다.

다시 정리해보자면 머신러닝은 한 가지 아주 뾰쪽한 일에 굉장히 특화된 전문가라고 볼 수 있습니다. 다만, 그 뾰족한 일 하나 말고는 다른 일은 전혀 할 수 없습니다. 쇼핑몰 추천 모델은 해당 쇼핑몰에서 추천만 할 수 있습니다. 반면 LLM은 뭐든 할 수 있습니다. 똑똑하지만 회사에 막 입사한 신입사원이라고 여러 번 말씀드렸습니다. 똘똘한 신입사원은 어느정도 지식이 있지만, 우리 회사에 대해서는 모릅니다. 그래서 추가로 회사 데이터를 주면서 일을 시켜야 합니다.

⌐ 리마인드 노트

1 머신러닝과 LLM의 차이 : 머신러닝은 특수한 목적을 위해 잘 정제된 데이터를 활용하며, 특정 작업에 특화된 전문가처럼 동작합니다. 반면 LLM은 다양한 작업을 수행할 수 있는 신입 비서와 같아, 더 많은 데이터와 프롬프트를 활용해 일을 시킵니다.

05
파라미터가
AI 성능에 미치는 영향

AI의 학습 과정에서 '파라미터'는 매우 중요한 개념입니다. 파라미터란 모델이 학습하며 스스로 조정하는 규칙을 의미하는데, 이는 모델의 복잡도와 표현력을 결정짓는 요소입니다. 예를 들어 입력값과 출력값 사이의 관계를 찾는 문제를 생각해봅시다. 1과 1을 더했을 때 2가 나오고, 2와 1을 더했을 때 3이 나온다는 데이터와 결과값이 주어졌다고 가정해봅시다. 이때 파라미터가 한 개라면, 모델은 입력값에 특정 연산을 한 번만 적용해 출력값을 만들어내는 것으로 가정합니다. 그리고 곱하기, 나누기, 빼기, 더하기 등의 연산을 시도하면서 주어진 데이터에 가장 잘 맞는 파라미터를 찾아냅니다. 앞서 언급한 규칙에서는 더하기 연산이 AI가 찾아내는 모든 것을 만족하는 파라미터일 겁니다.

그런데 만약 계산 방식이 조금 더 복잡해진다면 어떨까요? 출력값이 입력값들을 곱한 것에 1을 더한 값이라고 한다면, 파라미터 두 개가 필요합니다. 모델은 이제 두 가지 연산을 조합해 데이터를 설명할 수 있는 방법을 찾아야 합니다. 데이터 1과 1일 때 정답이 2, 데이터 2와 1일 때 정답이 3, 데이터 2와 2일 때 정답이 5라고 한다면 파라미터 한 개로는 모든 것을 만족하는 규칙을 찾아낼 수가 없습니다. 이때 파라미터가 두 개라면 두 숫자를 곱하는 파라미터에 다시 1을 더하는 파라미터까지 모든 것을 만족하는 규칙을 찾아낼 수 있을 겁니다. 곧 파라미터가 많을수록 숨겨진 복잡한 규칙들을 찾을 수가 있는 것이지요.

▼ 파라미터가 한 개일 때 입력값과 결과값 사이의 규칙을 찾기

입력값1	입력값2	결과값	찾아낸 규칙
1	1	2	입력값1 + 입력값2
2	1	3	파라미터1 = 더하기
2	2	4	

▼ 파라미터가 한 개로는 입력값과 결과값 사이의 규칙을 찾을 수 없는 경우

입력값1	입력값2	결과값	찾아낸 규칙
1	1	2	파라미터 1개로는 규칙
2	1	3	을 찾을 수 없음
2	2	5	

▼ 위 파라미터 한 개 일때 규칙을 찾을 수 없는 경우를 파라미터 두 개로 다시 시도

입력값1	입력값2	결과값	찾아낸 규칙
1	1	2	입력값1 x 입력값2 + 1
2	1	3	파라미터1 = 곱하기
2	2	5	파라미터2 = 1 더하기

이를 이미지 분류 문제에 적용하려면, 파라미터 개수는 크게 증가합니다. 고양이와 개를 구분하려면 이미지의 다양한 특징을 고려해야 하기 때문입니다. 색상, 모양, 크기, 질감 등 수많은 요소가 판단 기준이 될 수 있습니다. 이 모든 조합 중에서 수천 장의 사진을 완벽하게 구분하는 규칙 조합을 찾는다는 건 천문학적인 확률에 도전하는 일이나 마찬가입니다.*
엄청난 연산이 필요한 이 일에 모든 경우의 수를 일일이 시도해보는 것은 현실적으로 불가능합니다. 대신 컴퓨터는 여러 최적화 알고리즘을 사용해, 효율적으로 최적 파라미터를 찾아갑니다.

모델을 학습시키는 일에는 어마어마한 연산 자원이 들기 때문에 과거에는 쉽게 시도하기 어려웠습니다. 그러나 80년대부터 인공신경망 알고리즘 등이 발전하면서, 대규모 모델을 학습시키는 것이 가능해졌습니다. 여기에 빅데이터와 GPU 컴퓨팅의 발전이 더해지면서, 딥러닝은 비약적인 성장을 이루게 됩니다. 게다가 충분한 데이터, 그러니까 수많은 개와 고양이 사진도 AI에 제공해야 합니다. 불과 30년 전만 해도 수천 장의 고

---

* 최신 이미지 분류 모델인 ResNet-152은 파라미터 6천만 개를 사용해 학습했습니다.

APPENDIX I · 공부하는 어른을 위한 AI 기술 노트

양이, 개 사진을 구하기란 매우 어려웠어요. 직접 촬영해야 했으니까요. 그마저도 충분한 다양성을 담보하기 힘들었죠. 제한된 지역에서 찍은 사진으로는 대규모 학습은 불가능에 가까웠던 겁니다. 오늘날에는 인터넷에 무수한 개와 고양이 사진이 있습니다. 충분한 입력(데이터)이 제공되고, 컴퓨팅 파워가 제공되고, 강력한 알고리즘이 있어 이제 개와 고양이 사진을 순식간에 사람보다 정확하게 구별해내는 AI가 탄생하게 되었습니다.

이미지넷ImageNet은 딥러닝 발전의 상징과도 같은 데이터셋입니다. 2009년에 공개된 이미지넷은 1,000개의 카테고리로 분류된 이미지 약 1400만 장을 제공합니다. 연구자들은 이를 활용해 모델을 학습시키고, 매년 열리는 대회에서 그 성능을 겨루죠. 2010년 대회 우승 모델의 분류 오차율은 28.2%였으나, 2015년 ResNet의 등장으로 3.57%까지 떨어졌다. 불과 5년 만에 인간 수준을 능가하게 된 겁니다. 이와 같은 발전은 대규모 데이터와 파라미터의 힘을 보여주는 상징적인 사례입니다.

AI 기술은 최근 몇 년 사이에 눈부신 발전을 이루었습니다. 특히 자연어 처리 분야에서는 GPT 모델의 등장으로 새로운 지평이 열렸다고 할 수 있습니다. GPT는 방대한 양의 텍스트 데이터를 학습해, 인간과 유사한 수준의 언어 이해와 생성 능력을 보여주었습니다.

GPT의 최신 버전인 GPT-3는 파라미터 1750억 개를 이용해 학습한 LLM입니다. 이는 이전 버전인 GPT-2의 15억 개에 비해 100배 이상 증가한 수치입니다. 이렇게 막대한 파라미터 공간 안에서 최적의 조합을 찾아낸

GPT-3는, 주어진 상황에 맞는 가장 적절한 언어를 생성해낼 수 있게 되었습니다.

리마인드 노트

1 파라미터의 중요성 : 파라미터는 AI 모델이 학습하는 변수 개수로, 모델의 복잡도와 표현력을 결정짓는 요소입니다. 파라미터가 많을수록 복잡한 규칙을 찾을 수 있어, 더 정확한 결과를 도출할 수 있습니다.

2 이미지 분류와 파라미터 : 이미지 분류 문제에서는 수많은 파라미터가 필요합니다. AI는 색상, 모양, 크기, 질감 등의 다양한 요소를 고려해 이미지를 구분하며, 이를 통해 고양이와 개를 정확하게 분류할 수 있습니다.

3 AI 학습 최적화 알고리즘과 연산 자원 : AI 모델을 학습시키는 데는 엄청난 연산 자원이 필요합니다. 최적화 알고리즘을 사용해 효율적으로 최적 파라미터를 찾아내며, 이를 위해 GPU와 빅데이터가 필수입니다.

4 이미지넷과 딥러닝 발전 : 이미지넷은 딥러닝 발전을 이끈 상징적 데이터셋으로, 1,000가지 카테고리로 분류된 이미지 약 1400만 장을 제공합니다. 이를 통해 AI는 5년 만에 인간 수준의 이미지 분류 능력을 가지게 되었습니다.

5 GPT-3와 파라미터 : GPT-3는 파라미터 1750억 개로 학습해 인간과 유사한 언어 이해와 생성 능력을 보여줍니다. GPT-3의 대화형 AI인 챗GPT는 실생활에서 유용한 답변을 제공하며, 창의적인 작업도 수행할 수 있습니다.

06

LLM의 근원,
맥락을 찾아내는 트랜스포머

생성형 AI의 핵심 모델인 트랜스포머는 어텐션 메커니즘Attention Mechanism을 기반으로 합니다. 어텐션 메커니즘은 단순히 단어나 픽셀의 출현 빈도만 보는 것이 아니라, 맥락과 순서를 고려해 중요도를 판단하는 방식입니다.

이를 이커머스의 추천 시스템에 비유하겠습니다. 기존의 협업 필터링 방식은 사용자들의 구매 이력만 보고 아이템을 추천했습니다. 예를 들어 유저 A가 생수, 라면, 계란를 구매했고 유저 B가 생수, 라면을 구매했다면, 유저 B에게는 계란를 추천하는 식이다. 그런데 유저 C가 라면, 생수, 맥북을 구매했고 유저 D가 라면, 생수를 구매했다면 어떨까요? 맥락을 고려하지 않은 채 단순히 '생수, 라면을 산 사람은 맥북을 살 겁니다'라고 추천하는 것은 최선의 방법이 아닐 수 있습니다. 오히려 유저 A처럼 라면, 생수를 구매한 이후 계란을 구매한 패턴이 더 유의미할 수 있습니다.

트랜스포머는 이처럼 아이템 간의 연관성뿐만 아니라 구매 순서와 맥락을 종합적으로 분석합니다. 즉 '생수 다음에 라면을 샀을 때 계란을 구매할 확률'과 '생수 다음에 라면을 샀을 때 맥북을 구매할 확률'을 따로 계산해, 더 정확한 추천을 제공합니다.

자연어 처리에도 마찬가지 원리가 적용됩니다. 같은 단어라도 문장 내 위치에 따라 의미가 달라질 수 있기 때문입니다. '주전자에서 컵에 물을 따를 때, 그것이 가득 찰 때까지'라는 문장에서 '그것'이 '컵'을 가리킨다는 것을 알려면, '주전자', '컵', '물', '따르다' 간의 관계를 종합적으로 이해할 수 있어야 합니다.

어텐션 메커니즘은 단어의 상호 연관성에 가중치를 부여하는 방식으로 이를 구현합니다. 예를 들어 '컵'이라는 단어가 등장했을 때 '주전자', '물', '따르다'에 높은 가중치를 주고, '책상', '달리다' 등 관계없는 단어에는 낮은 가중치를 주는 겁니다. 가중치를 계산하는 방법은 다양한데, '스케일드 닷 프로덕트 어텐션'이 가장 널리 쓰입니다.*

트랜스포머는 이런 어텐션 메커니즘을 다층적으로 쌓아 올려 더욱 복잡한 패턴을 학습할 수 있게 합니다. 그리고 방대한 양의 데이터로 사전학습pre-training을 거친 후, 특정 업무에 맞춰 미세조정하는 전이학습transfer learning 방식을 취합니다.

---

*   Scaled Dot-Product Attention. 주어진 쿼리 벡터와 키 벡터 사이의 유사도를 계산한 후, 그 값을 소프트맥스 함수를 통해 가중치로 변환하고, 이를 이용해 값 벡터들의 가중 합을 구하는 메커니즘. 계산된 유사도 값은 벡터 차원이 커질수록 값이 커지므로, 안정적인 학습을 위해 이를 차원의 제곱근으로 나눈 후 소프트맥스를 적용합니다.

물론 트랜스포머가 자연어 처리의 최종 모델은 아닙니다. 이미 트랜스포머의 한계를 극복하기 위한 다양한 시도가 이루어지고 있습니다. 구글은 스위치 트랜스포머Switch Transformer를 통해 트랜스포머의 규모를 키우는 한편 계산 효율성을 높이는 데 성공했고, 오픈AI는 스페어 트랜스포머Sparse Transformer로 계산 복잡도를 크게 줄이면서도 성능을 유지하는 기술을 선보였습니다.

앞으로도 트랜스포머를 뛰어넘는 새로운 모델이 등장할 가능성이 높습니다. 하지만 그 근간에는 여전히 '맥락을 고려한 추론'이라는 아이디어가 자리잡고 있을 겁니다. NLP 분야의 패러다임을 바꾼 트랜스포머의 핵심 개념인 어텐션 메커니즘은 앞으로의 자연어 처리 기술 발전에도 지속적인 영향을 미칠 것으로 보입니다.

리마인드 노트

1 트랜스포머(Transformer) : 생성형 AI의 핵심 모델로, 어텐션 메커니즘을 기반으로 하여 단어나 픽셀의 순서와 맥락을 고려해 중요도를 판단합니다.

2 어텐션 메커니즘(Attention Mechanism) : 단어 간의 연관성을 가중치로 부여하여 중요한 정보를 우선 처리하는 방식으로, 자연어 처리와 이커머스 추천 시스템에서 사용됩니다.

3 스케일드 닷 프로덕트 어텐션(Scaled Dot Product Attention) : 어텐션 메커니즘에서 단어 간의 가중치를 계산하는 방법 중 하나로, 가장 널리 사용되는 방식입니다.

4 다층 어텐션 메커니즘 : 트랜스포머는 어텐션 메커니즘을 여러 층으로 쌓아 복잡한 패턴을 학습하고, 다양한 자연어 처리 업무를 수행할 수 있게 합니다.

5 사전학습(Pre-training)과 전이학습(Transfer Learning) : 트랜스포머는 방대한 데이터를 바탕으로 사전학습을 거친 후, 특정 업무에 맞춰 미세조정을 통해 성능을 최적화합니다.

6 트랜스포머의 발전과 한계 : 구글의 스위치 트랜스포머, 오픈AI의 스페어 트랜스포머 등 트랜스포머의 한계를 극복하기 위한 다양한 기술들이 개발되고 있으며, 새로운 모델이 등장할 가능성도 큽니다.

챗GPT와 대화하는
6가지 프롬프트 기법

"What is the weather like today?"라고 질문하니, 시리는 "Here is the weather forecast for today."라고 대답하며 날씨 정보를 스마트폰 화면에 보여줍니다. 2011년 아이폰 4S 발표회에서 시리는 음성인식 비서로서 놀라운 가능성을 보여주었습니다.

"시리야, 엄마한테 오늘 몇 시에 어디서 만날 것인지 카톡 메시지 보내봐." 저도 써봤지만 될 때도 있고 안 될 때도 있습니다. 여러분도 같은 경험을 했을 겁니다. 제대로 동작하지 않는 이유는 사람마다 말이 너무 다르기 때문입니다. 그만큼 자연어를 이해하는 일은 쉽지 않습니다. 음성과 키보드를 이용한 입력을 모두 지원하는 챗GPT가 자연어를 잘 처리하는 것은 사실이지만, 더 잘 사용하려면 프롬프트 엔지니어링 능력이 필요합니다.

프롬프트 엔지니어링은 챗GPT와 더 원활하게 대화하는 기술이라 말씀드렸습니다. 앞선 예시에서는 사용자의 요청을 크게 세 가지 요소로 분해할 수 있습니다. 실행해야 할 앱App, 수행할 행동Action 그리고 행동의 대상Target이 바로 그겁니다. 이를 프로그래밍 언어의 함수 호출과 유사하게 정형화된 형식으로 작성한다면, LLM이 더 정확하게 사용자 의도를 파악할 수 있습니다.

프롬프트 엔지니어링의 효과를 극대화하는 방법으로 퓨샷 러닝Few-shot Learning이 있습니다. 사용자 입력과 유사한 형태의 예시를 프롬프트에 포함시킴으로써, LLM이 과제 수행 방식을 학습하도록 하는 겁니다. '문자 보내기', '메시지 전송하기'처럼 지정하면 됩니다.

또 다른 중요한 개념은 멀티턴 프롬프트Multi-turn Prompt입니다. 복잡한 요구사항이라면 프롬프트 한 번으로 완벽한 요청이 어려울 수 있기 때문에, 여러 번의 대화 턴turn을 거쳐 점진적으로 결과물을 만들어가는 방식을 의미합니다. 예를 들면 영어 이메일을 한국어로 번역해서 요약하는 것을 한번에 하는 것보다 영어 이메일을 먼저 한국어로 번역하고, 이후에 다시 그 내용을 요약하는 멀티턴 방식이 더 좋은 결과를 내는 경우도 많습니다.

알려진 프롬프트 엔지니어링 기법을 활용하면 AI 모델의 응답 품질을 크게 향상시킬 수 있습니다. 다양한 시도와 반복적인 수정을 통해 최적의 프롬프트를 찾아내는 것이 중요합니다. 대표적인 프롬프트 엔지니어링 기법을 소개하니 한 번씩 실습해보기 바랍니다.

▼ 프롬프트 6가지 기법

이름	설명
역할 설정 (Persona)	AI 모델에게 특정 역할을 부여해 그 역할에 맞는 답변을 유도합니다. • **단순 프롬프트** : "프로그래밍 조언을 해줘." • **역할 설정 프롬프트** : "당신은 프로그래밍 전문가입니다. 초보자를 위한 파이썬 학습 조언을 해줘."
명확한 지시 (Task)	AI 모델이 명확한 지시를 받을수록 더 정확한 응답을 제공합니다. 명확하게 원하는 정보를 구체적으로 지시하는 것이 중요합니다. • **덜 명확한 프롬프트** : "고양이에 대해 말해줘." • **명확한 프롬프트** : "고양이의 일반적인 습성에 대해 설명해줘."

구조화된 형식 사용 (Format)	답변을 더 쉽게 이해할 수 있도록 구조화된 형식을 요청합니다. • **단순 프롬프트** : "머신러닝의 단계를 설명해줘." • **구조화된 형식 프롬프트** : "머신러닝의 단계를 번호 매겨 설명해줘: 1. 데이터 수집 2. 데이터 전처리 3. 모델 학습…"
맥락 제공 (Context)	추가 정보를 제공해 AI가 더 나은 답변을 할 수 있도록 합니다. • **단순 프롬프트** : "영화를 추천해줘." • **맥락 제공 프롬프트** : "최근 개봉한 액션 영화를 추천해줘."
예시 제공 (Example)	원하는 답변 형식을 예시로 제공하면 AI가 유사한 형식으로 답변을 생성하는 데 도움이 됩니다. • **단순 프롬프트** : "연구 논문 서론을 작성해줘." • **예시 제공 프롬프트** : "연구 논문 서론을 작성해줘. 예시는 다음과 같아. [예시] 이 연구는 기후 변화의 영향을 분석하기 위해 수행되었습니다. 주요 연구 질문은…"
단계별 요청 (Multi-Turn)	복잡한 요청을 단계별로 나누어 AI가 더 쉽게 이해하고 답변할 수 있도록 합니다. • **복잡한 프롬프트** : "기후 변화의 원인과 해결 방안에 대해 설명해줘." • **단계별 프롬프트** : "기후 변화의 주요 원인에 대해 설명해줘." → "그 원인들에 대한 해결 방안을 설명해줘."

서바이벌
AI 미니 사전

AI 윤리(AI Ethics) : AI 기술 발전으로 발생하는 윤리적 문제들을 다루는 분야로, 편향성, 개인정보 보호, 책임성 등을 포함합니다.

AI API(Application Programming Interface) : API는 소프트웨어 간에 기능과 데이터를 공유하는 규칙을 의미합니다. AI API는 인공지능 기능을 제공하는 API입니다.

CNN(Convolutional Neural Networks) : 이미지 데이터에서 특징을 추출하는 데 뛰어난 성능을 보이는 딥러닝 모델로, 이미지 인식과 컴퓨터 비전에서 널리 사용됩니다.

오픈AI(OpenAI) : AI를 개발하는 회사로서 최초의 LLM인 GPT를 발표해서 LLM 기술을 선도하고 있으며, 이를 활용한 챗GPT서비스를 만들어서 세상에 큰 변화를 이끌어내고 있습니다.

GPT(Generative Pre-trained Transformer) : 오픈AI에서 만든 트랜스포머 아키텍처 기반의 대규모 언어 모델로, 인간과 유사한 수준의 언어 처리 및 생성 능력을 보여줍니다.

GPT-3 : 1750억 개 파라미터를 가진 GPT 모델의 최신 버전으로, 다양한 언어 작업에서 뛰어난 성능을 발휘합니다.

GPT-4o : GPT-3의 후속 모델로, 더 많은 파라미터와 향상된 성능을 자랑하는 대규모 언어 모델입니다.

GPT-4-o 미니(GPT-4-o Mini) : GPT-4 모델의 축소 버전으로, 효율성과 속도를 고려하여 더 적은 자원으로 동작하도록 최적화된 모델입니다. 대규모 모델의 기능을 유지하면서도 경량화된 형태로 제공되어 다양한 애플리케이션에 사용될 수 있습니다.

GPU(Graphics Processing Unit) : 병렬 연산에 특화된 컴퓨터 그래픽 처리 장치로, AI와 머신러닝 모델의 학습에 널리 사용됩니다.

LLaMA(Large Language Model Meta AI) : 메타에서 공개한 대규모 언어 모델로, 프라이빗 LLM을 만드는 기술적 기반을 제공합니다. 라마라고 읽습니다.

LLM(Large Language Model) : 방대한 텍스트 데이터를 학습하여 다양한 자연어 처리 작업을 수행할 수 있는 AI 모델입니다. 우리말로 대규모 언어 모델이라고 합니다.

MS 코파일럿(Microsoft Copilot) : 마이크로소프트의 다양한 소프트웨어 및 서비스에 통합된 AI 기반의 보조 도구로, 작업을 자동화하고 사용자에게 실시간으로 스마트한 제안과 피드백을 제공합니다. 예를 들어 Microsoft 365의 코파일럿은 문서 작성, 데이터 분석, 이메일 작성 등에서 효율성을 높이고 생산성을 향상시키는 데 도움을 줍니다.

Narrow AI : 특정 분야나 작업에 특화된 AI로, 일반 AI와 달리 특정 영역에서만 뛰어난 성능을 발휘합니다.

OCR(Optical Character Recognition) : 이미지에서 문자 정보를 추출하는 기술로, 문서 스캔이나 자동화된 데이터 입력 작업에서 널리 사용됩니다.

RAG(Retrieval-Augmented Generation) : 정보 검색과 텍스트 생성을 결합한 모델로, 필요할 때 정보를 검색하여 생성하는 방식으로 작동합니다.

ResNet(Residual Network) : 매우 깊은 신경망에서도 학습이 가능하도록 설계된 딥러닝 모델로, 이미지 인식에서 뛰어난 성능을 발휘합니다.

RNN(Recurrent Neural Networks) : 순환 신경망으로, 시간 순서가 중요한 데이터(예 : 시계열 데이터)를 처리하는 데 사용되는 딥러닝 모델입니다.

강화학습(Reinforcement Learning) : 에이전트가 환경과 상호작용하면서 보상을 극대화하는 방법을 학습하는 머신러닝 기법입니다.

깃허브 코파일럿(GitHub Copilot) : 깃허브와 오픈AI가 협력하여 개발한 AI 코드 작성 보조 도구로, 자동으로 코드 스니펫을 추천하고, 맥락에 맞는 제안을 제공하여 개발자의 작업을 효율적으로 돕습니다.

데이터 엔지니어링(Data Engineering) : 데이터를 수집, 저장, 처리하는 기술적 과정을 포함하며, AI 모델의 성능을 좌우하는 중요한 요소입니다.

딥러닝(Deep Learning) : 인공 신경망을 이용한 머신러닝의 한 분야로, 복잡한 패턴 인식과 높은 성능을 달성할 수 있습니다.

랭체인(LangChain) : 랭체인은 LLM API를 쉽게 활용하도록 해주는 프레임워크입니다. 이를 통해 사용자는 다양한 LLM과 여러 오픈소스들을 결합하여 복잡한 작업을 쉽게 수행할 수 있습니다.

머신러닝(Machine Learning) : 데이터를 이용해 모델을 학습시키고, 이를 바탕으로 예측이나 분류 작업을 수행하는 AI 기술입니다.

멀티모달(Multi-modal) : 텍스트, 이미지, 오디오 등 서로 다른 종류의 데이터를 동시에 처리하는 AI 기술을 의미합니다.

모델 : AI를 위해서 학습된 결과물로서 문제에 답을 하는 곧 추론을 하는 데 사용합니다.

구글 비전 AI(Vision AI) : 구글에서 제공하는 AI 서비스로, 이미지 분류, 객체 탐지, OCR 등 다양한 컴퓨터 비전 기능을 제공합니다.

비지도 학습(Unsupervised Learning) : 데이터에 정답이 제공되지 않은 상태에서, 데이터의 패턴이나 구조를 찾아내는 머신러닝 방법입니다.

스테이블 디퓨전(Stable Diffusion) : 텍스트 입력과 연관된 이미지를 생성해내는 AI 모델로, 텍스트와 이미지 데이터를 결합하여 새로운 결과물을 창출합니다.

애저 코그니티브 서비스(Azure Cognitive Services) : 마이크로소프트에서 제공하는 AI 서비스로, 음성 인식, 언어 이해, 번역 등 다양한 AI 기능을 API 형태로 제공합니다.

오토파일럿(Autopilot) : 오토파일럿은 차량이나 항공기에서 자동으로 주행이나 비행을 지원하는 시스템을 의미합니다. 이 시스템은 센서와 알고리즘을 활용하여 운전자 개입 없이도 주행, 경로 변경, 안전 유지 등의 작업을 자동으로 수행합니다.

인공지능(Artificial Intelligence) : 인공지능은 컴퓨터가 인간처럼 학습하고 추론하며 문제를 해결할 수 있도록 하는 기술을 의미합니다. 이를 통해 컴퓨터는 데이터를 분석하고 스스로 결정을 내릴 수 있게 됩니다.

제미나이 Gemini : 구글이 개발한 트랜스포머 기반의 대규모 언어 모델로, 문장의 전후 맥락을 이해하여 자연어 처리 작업에서 뛰어난 성능을 발휘합니다.

정확도(Accuracy) : 머신러닝 모델이 얼마나 정확하게 예측 또는 분류하는지를 나타내는 지표입니다.

지도학습(Supervised Learning) : 데이터와 정답을 주고 모델을 학습시키는 방법으로, 머신러닝의 기본적인 학습 방식입니다.

챗GPT : 오픈AI에서 GPT 기술을 활용한 서비스로써, 자연어 질문에 응답하고 정보를 제공하며, 창의적인 작업을 지원하는 서비스로서 다양한 분야에 활용되고 있습니다.

코파일럿(Copilot) : 코파일럿은 AI 기반의 보조 도구로, 사용자가 작업을 더 효율적으로 수행할 수 있도록 돕는 기능을 제공합니다. 예를 들어 코드 작성, 문서 편집, 데이터 분석 등 다양한 작업에서 실시간으로 제안과 피드백을 제공하여 생산성을 높이는 데 기여합니다.

클로드(Claude) : 앤트로픽에서 개발한 대화형 AI로, 윤리적 가치를 중요시하는 점에서 차별화됩니다.

트랜스포머(Transformer) : 어텐션 메커니즘을 활용한 딥러닝 모델 아키텍처로, 자연어 처리 작업에서 뛰어난 성능을 보여줍니다.

특이점(Singularity) : 인공지능의 발전이 급격히 가속화되어 인간의 지능을 초월하는 시점을 의미합니다. 이 시점에 도달하면 기술의 진보가 인간의 예측과 통제를 넘어서며, 사회와 경제에 큰 변화를 가져올 것으로 예상됩니다.

파라미터(Parameter) : 모델이 학습에서 찾아내는 규칙으로, 모델이 학습하는 과정에서 조정되는 요소를 의미합니다. 파라미터의 수가 많을수록 모델의 복잡도가 증가합니다.

파인튜닝, 미세조정(Fine-tuning) : 미리 학습된 모델을 특정 작업에 맞게 추가로 학습시키는 과정으로, 모델의 성능을 향상시킬 수 있습니다.

편향(Bias) : 인공지능에서 편향은 AI가 특정한 사람이나 그룹에 대해 부당한 판단을 내리거나 차별하는 것을 의미합니다. 이러한 편향은 AI를 훈련시킬 때 사용된 데이터에 문제나 불균형이 있을 때 발생할 수 있습니다.

프롬프트(Prompt) : 프롬프트는 인공지능 모델에게 입력을 제공하거나 특정 작업을 수행하도록 유도하는 텍스트나 질문을 의미합니다. 모델이 원하는 반응이나 출력을 생성할 수 있도록 도와주는 역할을 합니다.

프롬프트 엔지니어링(Prompt Engineering) : 프롬프트 엔지니어링은 인공지능 모델에게 효과적으로 원하는 출력을 얻기 위해 적절한 프롬프트를 설계하고 조정하는 과정입니다. 이를 통해 모델의 성능을 최적화하고, 다양한 작업에 맞는 정확한 응답을 유도할 수 있습니다.

프롬프트 엔지니어(Prompt Engineer) : 프롬프트 엔지니어링을 전문으로 하는 개발자입니다.

하이브리드 AI(Hybrid AI) : 온디바이스 AI와 클라우드 AI를 결합한 방식으로, 기기 내부에서 처리할 수 없는 복잡한 작업은 클라우드에서 처리하는 기술입니다.

환각 현상(Hallucination) : LLM이 사실이 아닌 정보를 진실처럼 생성하는 현상으로, 확률 기반 모델의 한계 중 하나입니다.

챗GPT 시대 살아남기

'AI 코워킹'을 넘어 'AI 코리빙'의 시대로,
개인과 기업의 생존을 위한
인공지능, 머신러닝, LLM 특강

초판 1쇄 발행 2024년 10월 01일

지은이 박종천

펴낸이 최현우 · **기획 · 편집** 박현규, 김성경, 최혜민

디자인 박은정 · **조판** SEMO · **마케팅** 오힘찬 · **피플** 최순주

펴낸곳 골든래빗(주)

등록 2020년 7월 7일 제 2020-000183호

주소 서울 마포구 양화로 186 LC타워 5층 514호

전화 0505-398-0505 · **팩스** 0505-537-0505

이메일 ask@goldenrabbit.co.kr

홈페이지 www.goldenrabbit.co.kr

SNS facebook.com/goldenrabbit2020

ISBN 979-11-91905-87-8 03000

* 파본은 구입한 서점에서 바꿔드립니다.

우리는 가치가 성장하는 시간을 만듭니다.

골든래빗은 가치가 성장하는 도서를 함께 만드실 저자님을 찾고 있습니다.

내가 할 수 있을까 망설이는 대신, 용기 내어 골든래빗의 문을 두드려보세요.

apply@goldenrabbit.co.kr